1res STI2D-STL-STD2A

Histoire Géographie Éducation civique

Alexandra Monot
Roland Tissot

Nathan

Édition : Séverine Martineau/Aude Benkaki
Coordination artistique : Evelyn Audureau
Fabrication : Maria Pauliat
Conception intérieure : Favre et Lhaïk
Conception couverture : Killiwatch
Mise en page : Alinéa
Cartographie : Édigraphie

Crédits photographiques : p. 23 : Alain Gesgon/Cirip ; p 25 : Bdic ; p. 29 : Libération/Sygma ; p. 45 : Canard Enchainé 1965/Moisan ; p. 69 : BRIDGEMAN-GIRAUDON ; p. 71: L'ILLUSTRATION ; p. 73 : KHARBINE/TAPABOR ; p. 75: BRIDGEMAN-GIRAUDON ; p. 79 : BIS/Ph. Coll. Archives Bordas ; p. 83 : Martin Bond/SPL/COSMOS ; p. 85 : courtesy of THE ADVERTISING ARCHIVES ; p. 89g : © Roger-Viollet ; p. 89d : DIM ; p. 117 : A. Gesgon/Cirip.

ISBN – 978-2-09-161785-5

Réflexe

Révisez autrement et développez votre mémoire auditive grâce aux QCM* audio proposés gratuitement en complément de cet ouvrage

* de 50 à 100 QCM selon la discipline

www.nathan.fr/reflexe

- Je me connecte avec mon livre en main
- Je télécharge
- J'écoute les questions où et quand je veux
- Je mémorise les réponses
- Je réussis !

50 à 100 questions ou vrai/faux à écouter en mp3

Un temps de réponse adapté

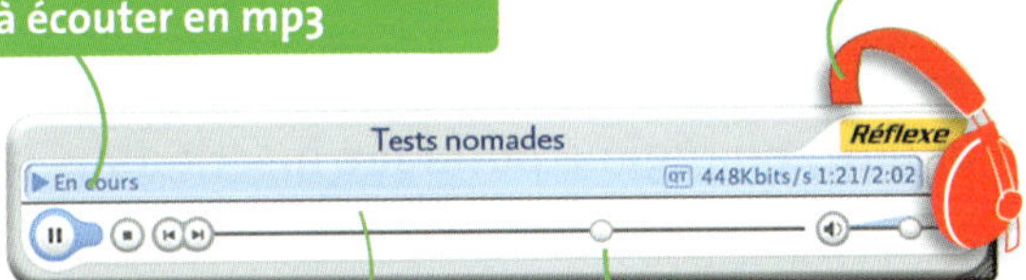

Des questions courtes pour valider vos connaissances

Un découpage par chapitre ou partie pour faciliter la révision

Nathan

Sommaire

MÉTHODES

CHAPITRE 1

SUJET D'ÉTUDE (AU CHOIX)

CHAPITRE 2

GÉOGRAPHIE ET ÉDUCATION CIVIQUE

La France contemporaine

QUESTION OBLIGATOIRE

Comprendre les territoires de proximité

SUJET D'ÉTUDE (AU CHOIX)

CHAPITRE 3

HISTOIRE

Histoire du quotidien

QUESTION OBLIGATOIRE

Vivre et mourir en Europe du milieu du XIXe siècle aux années 1960

SUJET D'ÉTUDE (AU CHOIX)

CHAPITRE 4

GÉOGRAPHIE

La mondialisation

QUESTION OBLIGATOIRE

La mondialisation, interdépendances et hiérarchisations

SUJET D'ÉTUDE (AU CHOIX)

CHAPITRE 5

HISTOIRE ET GÉOGRAPHIE

La Chine

QUESTION OBLIGATOIRE

La Chine depuis 1911 : de la fin de l'empire du Milieu à l'un des centres de la mondialisation

SUJET D'ÉTUDE (AU CHOIX)

Connaître les caractéristiques de l'épreuve d'histoire-géographie

L'Histoire-Géographie au baccalauréat STI, STL et SMS est une épreuve anticipée orale se déroulant à la fin de la classe de première (BO n° 12, 20 mars 1997).

1 La durée de l'épreuve et le coefficient

La durée de l'épreuve est de 20 minutes. Le temps de votre préparation dure également 20 minutes. Le coefficient de l'épreuve est de 1.

2 L'évaluation

L'évaluation est globale et porte sur l'ensemble de l'épreuve. Les critères d'évaluation portent sur la maîtrise des connaissances et sur la clarté de l'exposé.

3 La liste des questions

Le candidat présente la liste des questions étudiées en classe. C'est-à-dire, pour chaque discipline, les deux questions obligatoires et la question retenue parmi les quatre thèmes au choix.

La liste doit être signée par le professeur ou le chef d'établissement et comporter le cachet du lycée.

La liste peut aussi indiquer les documents ou les ensembles documentaires étudiés pendant l'année.

Elle peut aussi, afin d'éclairer davantage l'examinateur et dans votre intérêt, mentionner les aspects essentiels abordés dans le traitement d'une question.

Si vous avez réalisé des dossiers, n'oubliez pas de les apporter.

4 Les deux parties de l'épreuve

L'épreuve se déroule en deux parties, de durée inégale mais porte obligatoirement sur les deux disciplines.

La première partie constitue l'interrogation principale. Elle porte sur l'Histoire ou la Géographie.

La seconde partie, plus rapide, porte sur la discipline qui n'a pas été abordée dans la première partie. Chaque partie de l'épreuve est suivie d'une série de questions posées par le jury.

Se préparer aux différentes situations de l'épreuve

Deux sujets sont proposés dans chaque discipline. Vous pouvez choisir le sujet que vous souhaitez traiter.

1 Les caractéristiques des sujets

Les sujets portent sur l'un des thèmes ou ensembles historiques ou géographiques du programme. Les problématiques en sont claires et sans ambiguïté. Les sujets peuvent être « bruts », sans document. Ils peuvent aussi s'appuyer sur un ou plusieurs documents ou sur un ensemble documentaire ou encore sur un dossier réalisé par vous dans l'année.

2 L'origine des documents

Si le sujet comporte des documents, ceux-ci sont soit fournis par l'examinateur, soit choisis parmi ceux étudiés en classe soit encore pris dans les documents de votre dossier.

3 Exemples de sujets pour un candidat sans dossier réalisé en classe

	Première partie : interrogation principale	Deuxième partie : interrogation plus rapide
1er sujet	HISTOIRE À l'aide de repères précis, présentez l'évolution politique de la Chine (1911-1949)	GÉOGRAPHIE Commentaire d'un ou de plusieurs documents : une carte des échanges mondiaux du café
2e sujet	GÉOGRAPHIE À l'aide d'exemples concrets, présentez les différents rôles de la Région en France	HISTOIRE Commentaire d'un ou de plusieurs documents : le témoignage de guerre d'un poilu

MÉTHODE

4 Exemples de sujets pour un candidat avec un dossier d'histoire, réalisé en classe

	Première partie : interrogation principale	Deuxième partie : interrogation plus rapide
1er sujet	HISTOIRE Interrogation sur le dossier	GÉOGRAPHIE Commentaire d'un ou de plusieurs documents : une carte de Lille au cœur du réseau TGV- Nord Europe
2e sujet	GÉOGRAPHIE À l'aide d'exemples précis, présentez les acteurs de la mondialisation	HISTOIRE Commentaire d'un ou de plusieurs documents : l'organigramme de la Constitution de la Ve République

5 Exemples de sujets pour un candidat avec un dossier de géographie, réalisé en classe

	Première partie : interrogation principale	Deuxième partie : interrogation plus rapide
1er sujet	GÉOGRAPHIE Interrogation sur le dossier	HISTOIRE Commentaire d'un ou de plusieurs documents : une affiche de propagande (Première ou Seconde Guerre mondiale)
2e sujet	HISTOIRE À l'aide de repères précis présentez les Français dans l'Europe depuis les années 1950 à nos jours	GÉOGRAPHIE Commentaire d'un ou de plusieurs documents : une carte des territoires de la mondialisation (pôles majeurs, territoires intégrés, territoires en marge)

6 Le questionnement

Après chaque exposé, l'examinateur pose des questions sur le sujet proposé. Ces questions ont pour objectif d'éclairer certains points de votre exposé, de vérifier vos connaissances, de juger votre aptitude au raisonnement. L'examinateur peut aussi déborder du cadre du sujet et tester votre compréhension de l'ensemble des questions étudiées dans l'année.

Faire face au sujet

Il vous faut saisir la logique du sujet, en dégager une problématique et construire votre réponse à cette problématique.

1 Comprendre le sujet

Lisez attentivement et plusieurs fois le sujet. Interrogez-vous sur chaque mot de l'énoncé. Quel sens a-t-il ? Pourquoi est-il placé ainsi dans le sujet ? Y a-t-il des mots-clés ? Quelles sont les limites chronologiques et spatiales du sujet ? Faites attention aux mots de liaison tels « et », « dans ».

2 Mobiliser les connaissances

Posez-vous les questions : Qui ? Quoi ? Quand ? Comment ? Pourquoi ? Quels thèmes, quels axes de réflexion le sujet permet-il de soulever ?

3 Trouver les problématiques

Quelle est l'idée-force (la problématique) du sujet ? Pour la dégager, vous pouvez vous poser cette question : « quel problème majeur le sujet soulève-t-il ? » Choisissez une seule problématique que vous formulerez de préférence sous la forme interrogative.

4 Construire le plan

Votre plan comporte généralement deux ou trois parties. Chaque partie correspond à un axe de réflexion, à une idée majeure. Les sous-parties correspondent aux idées-arguments destinées à nourrir et à démontrer l'idée majeure. Utilisez un exemple précis et concret pour chaque argument. Opérez des transitions entre les parties.

5 Les types de plan

Le plan se choisit en fonction du sujet et de la problématique. On peut distinguer quatre types de plans : le plan évolution, le plan thématique, le plan comparaison, le plan réflexion-discussion.

6 Soigner l'introduction et la conclusion

L'introduction permet de poser le sujet, d'énoncer la problématique et le plan choisis.

La conclusion comporte la réponse à la problématique ; elle sert aussi à effectuer un bilan, à émettre des critiques, à ouvrir des perspectives.

Présenter le sujet

La brièveté du temps de préparation de l'épreuve orale comme celle de l'exposé imposent une mise en ordre rapide des actions que vous engagez.

1 La préparation, durée : 20 minutes

Faites un brouillon, mais n'écrivez que sur le recto des feuilles. Numérotez-les.
Indiquez, sur la première feuille, les étapes de votre présentation (vous la garderez toujours sous les yeux pendant votre exposé).
Sur les autres feuilles, inscrivez la problématique, les thèmes abordés, les idées-arguments.
N'utilisez que les mots clés. Vous n'avez pas le temps de rédiger votre brouillon. Selon le sujet, rassemblez les documents nécessaires.

2 L'exposé devant le jury, durée : 20 minutes pour les deux disciplines

Rappelez le sujet, énoncez la problématique et le plan choisis.
Présentez rapidement les documents éventuellement concernés.
Exposez ensuite le développement. Appuyez-vous sur des exemples, sur des informations relevées dans un ou plusieurs documents.
Ne négligez pas les transitions, entre les parties du développement et n'oubliez pas de conclure.

3 Les réponses aux questions du jury

Ces questions sont destinées à vous permettre d'approfondir un point de connaissance ou de réflexion, à rectifier une maladresse...
Le jury ne cherche pas à vous piéger mais à vous aider. Il ne faut pas hésiter à avouer ses hésitations ou son ignorance ; répondre à tort et à travers ne ferait que mettre en évidence vos lacunes.

4 S'exprimer à l'oral

Parlez distinctement en vous adressant au jury ; ne gardez pas la tête penchée sur vos notes. Faites des phrases courtes.
Surveillez votre vocabulaire ; rejetez les mots et les expressions trop vagues, trop familiers ou encore trop techniques et que vous maîtrisez mal.
Évitez aussi les mots et les expressions à la mode.

Proposer un ensemble documentaire

Vous pouvez lors de l'épreuve du bac proposer un ou plusieurs dossiers documentaires.

1 La lisibilité du dossier

L'examinateur ne dispose que d'un temps très court pour prendre connaissance de votre dossier, vous devez donc, dans votre intérêt rendre celui-ci le plus lisible possible. Le titre doit être précis, le sujet bien délimité dans le temps et dans l'espace. La problématique doit être sans ambiguïté. Il faut vous limiter à un plan en deux ou trois parties maximum. N'oubliez pas de numéroter les documents et de les légender. Un sommaire, clairement rédigé, permet au jury de saisir immédiatement les articulations du dossier. Ne proposez pas non plus un dossier trop lourd, dix pages représentent un maximum.

2 La logique du dossier

Le dossier est élaboré autour d'une problématique posée en introduction. Les documents, de nature variée mais en petit nombre, doivent être soigneusement sélectionnés ; ils soutiennent l'argumentation. La conclusion répond à la problématique et ouvre les perspectives.

3 Un exemple de présentation

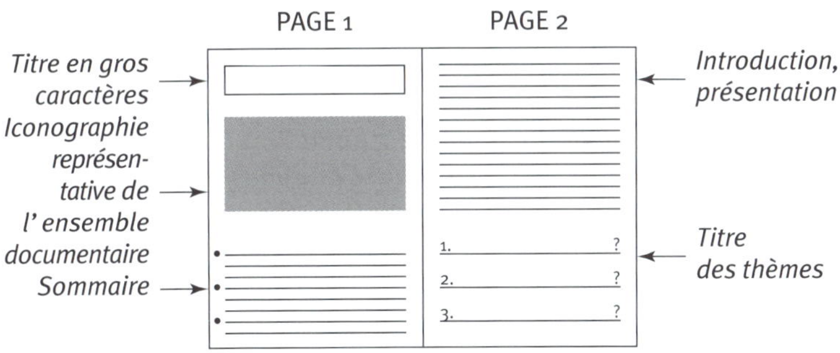

Les pages centrales comportent le déroulement de chaque thème ainsi que des documents correspondant avec les titres et les légendes. Sur la dernière, n'oubliez pas la conclusion, la bibliographie, l'index...

Présenter un ensemble documentaire

Vous pouvez lors de l'épreuve orale montrer un ou plusieurs dossiers réalisés en classe. Présenter un ensemble documentaire, c'est en exposer les idées-forces en vous appuyant avec rigueur sur vos documents.

1 La préparation, durée : 20 minutes

Sélectionnez les aspects les plus positifs du dossier. Hiérarchisez les thèmes et les sous-thèmes ; vous n'aurez peut-être le temps de ne présenter que les plus importants. Organisez votre présentation ; préparez les documents, annotez-les et mettez-les de côté. Inscrivez brièvement sur une ou plusieurs feuilles (numérotées et seulement écrites au recto) les thèmes concernés, et les grandes argumentations.

2 La présentation du dossier au jury

Définissez l'objectif de votre dossier. Présentez sa structure, c'est-à-dire le plan et les documents choisis, l'index, la bibliographie... Précisez les thèmes.

3 Le développement du dossier devant le jury

Développez chacune des grandes questions soulevées, en utilisant le ou les documents nécessaires. Montrez les documents au jury, soit avant l'argumentation, soit pour appuyer celle-ci. Soyez attentif aux réactions du jury, relancez l'intérêt par un nouveau document, par un exemple concret. Utilisez des phrases courtes, des mots simples. Ne rappelez les termes techniques contenus dans votre dossier que si vous êtes sûr de pouvoir en donner la définition. Si vous reprenez une citation, soyez capable d'en présenter l'auteur. Ne mentionnez dans votre bibliographie ou dans vos sources que les ouvrages que vous avez réellement utilisés.

4 Les réponses aux questions du jury

Les questions du jury sont destinées à vérifier vos connaissances, et à évaluer votre maîtrise du dossier. Soyez capable d'expliquer le choix de votre sujet, votre manière de travailler, vos sources... Comment avez-vous réuni la documentation ? Où l'avez-vous trouvée ? Pourquoi avoir choisi tel document ? Si vous avez créé un schéma, un graphique, un croquis, comment avez-vous procédé ? Comment avez-vous réalisé telle enquête ? Quelles difficultés avez-vous rencontrées ? Avez-vous atteint tous vos objectifs ? À quelles nouvelles pistes avez-vous réfléchi ?

Commenter un texte en histoire ou en géographie

Commenter un texte, c'est, lors de l'épreuve orale, repérer les informations qu'il contient. C'est chercher en quoi il permet de comprendre un homme, un événement, une époque, un espace.

1 Identifier le texte

Repérez le titre, l'auteur, le destinataire : vous déterminez ainsi la nature du texte. Tout texte peut se prêter à l'explication historique ou géographique : le discours officiel d'un chef d'État comme une annonce publicitaire.

Repérez les dates de rédaction et de parution qui vous permettent de situer le texte dans le temps.

Situez aussi le texte dans l'espace : quel est le lieu concerné ? À quelle échelle (village, pays, continent...) ?

2 Dégager les informations

Recherchez et précisez le contexte, ou le cadre de la situation. Relevez l'idée principale et les thèmes abordés. Éclairez les allusions.

Expliquez les expressions et les mots significatifs.

3 Effectuer la critique du texte

Pour faire cette critique, répondez aux questions suivantes. Le texte n'apporte-t-il que des informations brutes (traité, reportage...) ? Est-il destiné à argumenter, à juger (mémoires, article de presse...) ? L'auteur est-il engagé ? Est-il partial ?

Demandez-vous pourquoi et comment le texte a été rédigé. Le texte est-il complet ? Est-il tronqué ? Est-on assuré de son authenticité ?

Confrontez avec vos connaissances, ou avec d'autres sources.

Changez d'échelle, comparez avec des phénomènes de même nature (un autre événement...).

4 Dégager l'intérêt du texte

Quelle est la véracité du texte ? Quelle est sa valeur de témoignage ? Quelles connaissances apporte-t-il sur l'auteur, les destinataires ou le public visé ? Que révèle-t-il aussi sur l'époque, sur la société du temps et les mentalités, sur le phénomène en géographie ? Nous éclaire-t-il sur des événements antérieurs, contemporains, postérieurs ? Conclure éventuellement sur les problèmes non résolus posés par le texte.

Analyser une image en histoire

Analyser une image en histoire, c'est, comme pour tout document, expliquer et faire la critique. Mais c'est aussi s'appliquer à la description de l'image, au repérage des éléments techniques et esthétiques.

1 Repérer le type d'image

S'agit-il d'une peinture ? D'un dessin ? D'une photographie ? D'une affiche ?... L'image est-elle en couleurs ou en noir et blanc ? Contient-elle un texte ?

2 Lire l'image

Identifiez l'image : son titre, l'auteur, la date, les dimensions. De quel genre d'image s'agit-il ? Est-ce un portrait, une caricature ?
Recherchez la composition (les différents plans, les lignes de force, ...).
Étudiez la technique utilisée, la présence ou non de perspective, les couleurs et les contrastes de lumière...
Observez les personnages s'il y en a : que font-ils ? Quelle est leur attitude ? Comment sont-ils vêtus ? Quelle est leur position sur l'image ?
Étudiez les paysages, les bâtiments, les objets...

3 Interpréter l'image

Recherchez des informations sur l'auteur, sur le média utilisé.
Étudiez le contexte politique, économique, social, culturel dans lequel se situe l'image.
À qui l'image s'adresse-t-elle ? Quel message veut-elle transmettre ? Contient-elle des symboles ? Éventuellement que signifie le texte d'accompagnement ? L'image n'est-elle que descriptive et dans ce cas, quelles sont les limites de sa « neutralité » ?

4 Dégager l'intérêt et la portée de l'image

Quelle est la valeur de témoignage de l'image ? La valeur du texte éventuel ? Dégagez l'intérêt historique de l'image par rapport à son époque mais aussi par rapport à l'œuvre de son auteur.
Recherchez comment l'image a été accueillie. Quelle influence a-t-elle eue ?

Analyser et commenter un paysage en géographie

L'analyse d'une image, lors de l'épreuve orale, porte souvent sur un paysage. Il faut, face au document, dégager les informations nécessaires à la compréhension d'un espace délimité.

1 Identifier le type d'image

S'agit-il d'une photographie au sol ? Aérienne ? Est-ce une image satellitale ? S'agit-il d'une peinture, d'un dessin... ?
Est-ce une image de scientifique ? Celle d'un simple promeneur ?

2 Repérer les informations

Précisez l'angle de vue et évaluez l'échelle. Situez le paysage. Repérez les éléments naturels : les pentes ou les parties planes, les cours d'eau, la végétation naturelle...
Relevez les éléments humanisés : la végétation cultivée, les bâtiments, les voies de communication. Repérez les ensembles qui structurent l'espace : une forêt, un village, un centre-ville... Ces éléments sont les unités paysagères ; elles peuvent être classées du premier plan à l'arrière-plan.

3 Analyser le paysage

Confrontez les informations repérées afin de caractériser la nature et l'organisation de l'espace.
Comparez la part des données naturelles et la part des données humaines. Précisez comment l'espace est ordonné.

4 Interpréter le paysage

Avec vos connaissances et à l'aide d'autres sources, recherchez les traces d'évolution. Y a-t-il des signes de déclin ? Tenez compte aussi de ce qui est invisible : l'organisation sociale, les techniques, les flux...
Replacez le paysage dans un espace plus vaste, à diverses échelles.
Formulez des hypothèses explicatives sur l'organisation de l'espace observé, sur l'histoire du paysage, sur sa dynamique.

5 Mesurer la représentativité du paysage

Présentez un bilan de votre analyse en résumant ses apports. Comparez le paysage étudié à d'autres afin de mesurer la valeur du modèle.

Lire et présenter une carte

Utiliser une carte c'est dégager et analyser, lors de l'épreuve orale, les informations contenues dans un espace délimité. Cette analyse est orientée, elle n'aborde que la réponse au sujet du bac.

1 Identifier la carte

Identifiez le type de carte proposé : carte thématique, carte-modèle... La carte est-elle par anamorphose (les contenus sont déformés en fonction de l'importance du phénomène à représenter) ?
Repérez le titre : il précise l'espace représenté et renseigne sur le thème de la carte.
Relevez l'échelle : elle permet d'évaluer les dimensions de l'espace cartographié. Si l'échelle graphique de la carte est 1 cm = 100 km, l'échelle graphique est de 1/10 000 000. Attention ! une carte à grande échelle représente une faible portion de territoire ; une carte à petite échelle représente un territoire plus vaste. Un planisphère par exemple est à petite échelle.

2 Analyser la légende

La légende permet de décoder la carte. Repérez le classement des phénomènes. Déchiffrez les figurés : indiquent-ils une simple localisation, des flux... ? Quelles différences présentent-ils (tailles...) ? Vous êtes ainsi renseigné sur la nature et l'importance des phénomènes représentés.

3 Dégager les informations

Repérez les ensembles spatiaux homogènes qui apparaissent.
Analysez-les en détail : taille, localisation, forme, caractéristiques...
Comparez-les ensembles entre eux.

4 Présenter la carte

Présentez les informations dégagées en les croisant avec d'autres sources documentaires (une autre carte, un texte...). Confrontez vos connaissances ; élargissez à d'autres échelles l'étude des phénomènes observés. Donnez du sens à vos observations, et proposez des hypothèses explicatives. Au besoin, aidez-vous d'un schéma.

5 Conclure la présentation de la carte

Rappelez comment s'organise l'espace cartographié, y compris les éventuelles contradictions relevées.

Commenter et construire un schéma

Vous pouvez, lors de l'oral, soit expliquer soit même réaliser un schéma. Votre objectif : mettre en évidence les relations entre les éléments représentés.

1 Définir le type de schéma

On distingue plusieurs types de schémas.

Le schéma linéaire. Il reproduit une succession de relations ou un ordre chronologique.

Le schéma circulaire. Il représente les différentes étapes d'un phénomène (un cycle économique...).

Le schéma pyramidal. Il figure une hiérarchie.

Le schéma systémique. Il représente un système et met en évidence les interactions entre les divers éléments

2 Commenter le schéma

Relevez les sens des flèches. Caractérisez les types de relations entre les éléments ; indiquez les hiérarchies éventuelles, repérez les interactions.

3 Le cas du schéma cartographique

Le jury peut vous demander de construire un schéma à partir d'une carte. Vous n'avez pas le temps de réaliser un schéma complexe.

Repérez les caractères principaux de l'espace à représenter. Triez et hiérarchisez vos observations.

Sélectionnez quelques figurés (2 systèmes de hachures...).

Tracez à main levée et à grands traits, les contours de l'espace. Précisez ensuite avec les figurés, les caractères essentiels.

N'oubliez pas le titre, la légende, éventuellement l'échelle approximative.

Pour commenter votre schéma, rappelez le sujet, situez l'espace représenté, énumérez les caractères principaux et dressez un bilan.

Le commentaire peut aussi porter sur un schéma fourni par le jury ou présenté par vous dans un dossier.

Lire et présenter un tableau statistique

Lire un tableau statistique, c'est, lors de l'épreuve orale, dégager des informations quantitatives sur un thème ou un lieu donné, en histoire comme en géographie.

1 Repérer les caractéristiques du tableau

Le thème est donné par le titre. Celui-ci renseigne aussi sur le lieu et l'échelle, ainsi que sur la date ou les dates s'il s'agit d'une évolution.
Le type de statistiques : est-ce un tableau à un moment donné ? Est-ce une évolution chronologique ? Y a-t-il répartition d'un même phénomène sous diverses composantes à un moment donné ? Est-ce une comparaison ?

2 Rechercher les unités

Vérifiez si les informations fournies par le tableau sont présentées sous la même unité ou avec des unités différentes.
Les unités employées sont-elles exprimées en valeur brute (dollar, tonne...) ou en valeur relative (%...) ?

3 Repérer les écarts entre les chiffres

Constatez d'abord la tendance générale, puis repérez les fluctuations, les anomalies. Pour une évolution, calculez le taux de croissance ou de décroissance.

4 Commenter le tableau

Expliquez la tendance majeure puis les fluctuations et anomalies. Comparez entre eux les éléments repérés, et confrontez-les avec d'autres données, avec le contexte historique par exemple s'il s'agit d'un tableau statistique d'histoire. Changez d'échelle : comparez avec d'autres pays... Mesurez et recherchez les conséquences des phénomènes que vous avez observés.

5 Transposer la série statistique

Exprimez sous un autre ordre ou une autre forme les données chiffrées. Construisez par exemple un graphique en courbe, en bâtons, en secteurs circulaires. Vous pourrez ainsi visualiser davantage et dégager plus aisément les informations les plus importantes.

Lire et commenter un graphique

Commenter un graphique, c'est lors de l'épreuve orale, dégager des informations quantitatives sur un phénomène. Ces informations ont déjà été mises en valeur par une représentation visuelle.

1 Repérer le thème et le type de graphique

Le titre et la légende renseignent sur le thème, le lieu, la ou les dates du phénomène représenté. Caractérisez le type de graphique : circulaire, semi-circulaire, en courbe, en barres...
Quelle est la nature du graphique ? Est-il d'évolution, de comparaison, de dispersion ?

2 Observer les repères du graphique

Quelle est le type d'échelle ? Est-ce une échelle arithmétique ? Logarithmique ? À deux systèmes de graduation verticale ? Où est le point d'origine ? Part-on de zéro ? Quelle est la périodisation (cinq ans, dix ans) ?
Quelles sont les unités employées (chiffres bruts, %) ?

3 Dégager les informations

Quelle est la tendance générale du graphique ? Repérez les fluctuations. Sont-elles à la hausse ? À la baisse ? Y a-t-il stagnation ? Caractérisez les phases selon leur durée, leur tendance en hausse, baisse, équilibre. Étudiez le rythme de ces phases.
Effectuez votre lecture du général au particulier. Relevez les accidents de variation qui peuvent infirmer ou confirmer votre lecture de l'allure générale du graphique.

4 Commenter le graphique

Précisez le contexte historique ou les données géographiques concernant le phénomène observé.
Mettez en relation avec d'autres phénomènes. Énoncez des hypothèses explicatives sur les phénomènes relevés. S'il s'agit d'un graphique de dispersion, présentez les ensembles et la typologie trouvés.
Repérez les limites de la représentation graphique.

5 Présenter une conclusion

Rappelez les différents phénomènes identifiés, leur explication et les questions soulevées.

1 1958-1969 : la France sous de Gaulle

Pendant onze années de présidence, de Gaulle, « l'homme du 18 juin 1940 », dirige la France.

1 La Vᵉ République, un nouveau régime pour la France

• **La fin de la IVᵉ République.** La IVᵉ République, dans laquelle de Gaulle est marginalisé, s'enfonce dans une guerre sans solution en Algérie depuis 1954. En 1958, face à la menace d'un coup d'État militaire, le président de la République appelle de Gaulle pour sortir le pays de la crise.

• **Une nouvelle Constitution**
De Gaulle revient à la tête de l'État avec les pleins pouvoirs. Il soumet aux Français une nouvelle Constitution adoptée par référendum qui donne au Président davantage de pouvoir par rapport au Parlement, et prévoit surtout qu'il soit élu, à partir de 1965, au suffrage universel.

2 La volonté d'exprimer l'indépendance et la grandeur de la France

• **Affirmer la France parmi les grandes puissances.** De Gaulle entend manifester l'indépendance de la France envers les grandes puissances occidentales. Il s'oppose ainsi à l'entrée du Royaume-Uni dans le Marché commun (actuelle UE), et surtout il sort la France de l'OTAN et ferme les bases militaires américaines en France. Par ailleurs, de Gaulle arme la France de missiles nucléaires et de sous-marins puissants.

• **Le soutien au tiers-monde ?** Après avoir négocié l'indépendance de l'Algérie en 1962, de Gaulle encourage les affirmations nationales dans le tiers-monde, comme par exemple lorsqu'il soutient la cause vietnamienne contre l'intervention américaine. Mais dans le même temps, les indépendances octroyées aux colonies françaises d'Afrique noire maintiennent une influence très forte de la France sur ces pays.

3 De Gaulle et les Français, un éloignement progressif

• **Un pouvoir personnel fort.** De Gaulle privilégie un rapport direct avec les Français, auxquels il s'adresse par la radio et la télévision, qu'il contrôle par ailleurs. Il leur soumet des référendums qui sont autant d'occasions de contourner les débats parlementaires. Mais de Gaulle exerce un pouvoir dont le style paraît hautain et de plus en plus décalé avec un pays jeune et en pleine modernisation.

• **La contestation et la chute du régime.** Dès les élections présidentielles de 1965, de Gaulle est contraint, contre toute attente, à un second tour. En 1967, les candidats gaullistes l'emportent d'extrême justesse aux élections législatives. Et, en mai 1968, les plus grandes grèves ouvrières et étudiantes que le pays ait connues contestent ouvertement le régime. Mis en minorité lors d'un référendum organisé en avril 1969, de Gaulle démissionne aussitôt et se retire de la vie politique.

La campagne électorale pour la Ve République

Affiche pro-gaulliste qui appelle à voter « oui » à la nouvelle Constitution proposée par de Gaulle aux Français par référendum le 28 septembre 1958.

2 1969-1981 : la droite au pouvoir se divise

Après de Gaulle, deux de ses ministres, l'un issu de la droite (Pompidou, Premier ministre), l'autre du centre (Valéry Giscard d'Estaing, ministre des Finances), sont élus président l'un après l'autre.

1 Georges Pompidou, continuité et rupture du gaullisme

• **Un serviteur fidèle qui prend ses distances.** Pompidou, Premier ministre pendant six ans (1962-1968), se distingue par sa modération lors de la crise de Mai 1968. Il rassure donc les électeurs de droite, qui l'élisent après la démission de de Gaulle (avril 1969).

• **La modernisation du pays.** Pompidou poursuit comme Président la politique d'équipement industriel et de modernisation des infrastructures du pays (aéroports, autoroutes, lycées, universités). Il est également un grand promoteur de l'art contemporain.

2 Valéry Giscard d'Estaing, pour moderniser la société

• **Un Président jeune.** Giscard s'impose contre Mitterrand, candidat de la gauche, à la mort de Pompidou. Âgé d'à peine 47 ans lors de son élection, il propose aux Français une « société libérale avancée » pour faire entrer les mœurs françaises dans le XXe siècle. Ainsi, sa ministre Simone Veil fait voter en 1975 le droit à l'IVG (interruption volontaire de grossesse) et la majorité électorale passe de 21 à 18 ans.

• **La crise économique mondiale.** En 1973 et 1979, deux chocs pétroliers (multiplication du prix suite à des crises politiques au Moyen-Orient) provoquent une crise économique majeure, et le nombre de chômeurs passe de 400 000 à près de 2 000 000 durant le septennat.

3 De nombreuses divisions à droite

• **Le gaullisme sans de Gaulle.** Pompidou est mal accepté par les gaullistes issus de la « France libre ». À sa mort, le gaullisme se déchire entre les soutiens à Jacques Chaban-Delmas et les figures historiques qui soutiennent un jeune chef dynamique, Jacques Chirac.

• **Le gaullisme contre le centre.** Jacques Chirac, devenu Premier ministre de Giscard d'Estaing en 1974, démissionne en 1976, fonde le RPR comme rassemblement gaulliste, et conteste la présidence de Giscard d'Estaing. Cette division au sein de la droite contribue à sa défaite en 1981.

Le combat féministe pour l'avortement

Jusqu'en 1975, l'avortement est considéré juridiquement comme un crime en France. Durant les années 1960-1970, les femmes se mobilisent pour obtenir le droit à l'avortement.

Affiche de 1972.

3 1981-1986 : la gauche au pouvoir

Le 10 mai 1981, François Mitterrand est élu président contre Valéry Giscard d'Estaing. Pour la première fois depuis 23 ans, le pays bascule à gauche.

1 À la conquête de la gauche

• **S'emparer du Parti socialiste.** François Mitterrand, figure de la IVe République, s'inscrit au Parti socialiste (PS) et en devient le secrétaire général lors du Congrès d'Épinay de 1971. Après son échec contre Valéry Giscard d'Estaing en 1974, il est contesté au sein du PS par Michel Rocard mais parvient à s'imposer comme candidat pour 1981.

• **S'imposer au Parti communiste.** En 1972, le PS impose au parti communiste (PC) un « programme commun » qui rend possible l'arrivée de la gauche au pouvoir. Même après la rupture de l'accord par le PC, c'est désormais le PS qui domine la gauche.

2 À la conquête du pays

• **La victoire électorale de 1981.** Lors de la campagne présidentielle, Mitterrand promet de « changer la vie ». La campagne électorale est d'abord difficile mais Mitterrand remporte le duel télévisé face à Giscard et il profite de la dynamique d'unité à gauche tandis que Valéry Giscard d'Estaing subit à droite la concurrence de Jacques Chirac.

• **Les « 110 propositions ».** Beaucoup des promesses électorales sont tenues dans les deux premières années, comme la suppression de la peine de mort, la libéralisation des radios FM ou encore la décentralisation (pouvoirs accrus aux collectivités territoriales).

3 Le temps des difficultés

• **La crise économique.** Les promesses économiques sont également tenues, qu'elles concernent les salariés (retraite à 60 ans, 39 heures de travail par semaine, 5e semaine de congés payés) ou les entreprises (nationalisations des banques et de grandes entreprises). Mais la crise économique et les déficits extérieurs imposent, en 1983-1984 le tournant de « la rigueur » (gel des salaires).

• **Une gauche désabusée.** Face aux difficultés économiques, la gauche peine à défendre son programme. Elle perd en 1984 la « bataille scolaire » pour un service public unique de l'Éducation face aux défenseurs de l'école privée. À court d'initiatives, la gauche laisse une droite remobilisée gagner les élections législatives de 1986.

L'abolition de la peine de mort

L'abolition de la peine de mort était l'une des promesses électorales de François Mitterrand. Aujourd'hui, la peine de mort n'est plus pratiquée nulle part en Europe.

Dans la réalité judiciaire, qu'est-ce que la peine de mort ? Ce sont douze* hommes et femmes, deux jours d'audience, l'impossibilité d'aller jusqu'au bout des choses et le droit, ou le devoir, de trancher en quelques quarts d'heures, parfois quelques minutes, le problème si difficile de la culpabilité, et au-delà, de décider de la vie ou de la mort d'un autre être. Douze personnes, dans une démocratie, qui ont le droit de dire : celui-là doit vivre, celui-là doit mourir ! Je le dis : cette conception de la justice ne peut être celle des pays de liberté, précisément pour ce qu'elle comporte de signification totalitaire.

Robert Badinter, ministre de la Justice, discours
devant l'Assemblée nationale, 17 septembre 1981.

* Le jury de cour d'assises qui juge les crimes comprend 3 magistrats et 9 jurés ; la cour d'assises en appel comprend 12 jurés.

4 1986-2007 : alternances et cohabitations gauche/droite

Après l'alternance de 1981, les choix électoraux des Français basculent systématiquement d'un camp à l'autre.

1 Les années Mitterrand (1986-1995)

• **Mitterrand inaugure les « cohabitations ».** Après les élections législatives de 1986, François Mitterrand fait face à une Assemblée nationale de droite. Il nomme donc Jacques Chirac comme Premier ministre mais, profitant des difficultés du gouvernement, Mitterrand est réélu président en 1988.

• **Un deuxième septennat difficile.** Mitterrand nomme Michel Rocard Premier ministre et laisse celui-ci mener les affaires intérieures (création du RMI, institution de la CSG, accords Matignon sur la Nouvelle-Calédonie) et s'implique dans des affaires extérieures comme l'intervention militaire en Irak (1991) ou l'appui au régime rwandais qui sera responsable du génocide tutsi (1994).

2 Les mandats de Jacques Chirac (1995-2007)

• **Les divisions de la droite.** Vainqueur en 1993 des élections législatives, Chirac laisse Édouard Balladur assumer le poste de Premier ministre afin de se présenter aux élections présidentielles à venir. Cependant, même si Chirac est élu président en 1995, la candidature inattendue d'Édouard Balladur a divisé leur parti (RPR) et l'électorat de droite. Affaiblie par ces divisions et par de grandes grèves en 1995, la droite perd, en 1997, les élections législatives. À son tour, Chirac doit supporter une « cohabitation » avec un Premier ministre du camp opposé.

• **Lionel Jospin, un socialiste Premier ministre.** Pendant cinq années, Lionel Jospin gouverne la France (PACS, 35 heures, CMU) tandis que Chirac fait face à une série d'affaires politico-financières. Mais, usé par le pouvoir, Jospin ne parvient pas à mobiliser son électorat. Battu le 21 avril 2002 par Jean-Marie Le Pen pour l'accession au second tour de l'élection présidentielle, il se retire de la vie politique tandis que Jacques Chirac est réélu avec 82 % des voix.

3 Choix communs et spécificités gauche/droite

• **Un choix majeur, la construction européenne.** Mitterrand soutient le traité de Maastricht (1992) qui crée l'Union européenne et l'euro. Tandis que les électeurs de gauche sont chaque jour plus distants envers l'UE, les partis de droite et leur électorat la soutiennent de plus en plus. Ainsi, malgré le rejet par les Français du traité constitutionnel européen lors d'un référendum en 2005, droite et gauche au Parlement votent son adoption.

• **Services publics et protection sociale.** Le clivage gauche/droite apparaît davantage dans les réformes que la droite apporte à la protection sociale (recul de l'âge de la retraite, déremboursements de certains soins) et aux services publics (privatisations d'entreprises publiques, fermetures de postes dans la fonction publique) tandis que la gauche propose de les défendre sans proposer de financement convaincant.

La cohabitation

Entre 1986 et 1988, le Président Mitterrand (socialiste) doit cohabiter avec une Assemblée majoritairement de droite et un gouvernement dirigé par le Premier ministre Chirac.

4,90 F • JEUDI 13 NOVEMBRE 1986 — NOUVELLE SERIE N° 1706

Libération

MITTERRAND MULTIPLIE LES « RESERVES »

LA COHABITATION FAIT RAGE

Le président de la République a exprimé hier son désaccord total avec le projet gouvernemental de réforme du Code de la nationalité, et il a critiqué, avant le sommet franco-africain de Lomé les agissements de deux ministres, Léotard et Pasqua. A l'Assemblée, les socialistes annonçaient le même jour qu'ils ne voteraient pas le budget de la Défense et intentaient un procès public au Premier ministre sur la conduite de sa politique proche-orientale. Lire pages 2 à 7.

QUAND L'EUROPE A MAL AU RHIN

La pollution du fleuve symbole, à la suite de l'incendie des usines Sandoz, prend un caractère politique et culturel : la chimie laisse la place aux mythes. A Zurich, la Suisse, au banc des accusés de l'Europe, représentée par les ministres de l'Environnement, a accepté le principe de l'indemnisation des Etats riverains. Lire page 24.

ECONOMIE : LE GOUVERNEMENT PRIS AU PIEGE DE LA DUREE

Arrivés avec la conviction que la cohabitation ne pouvait pas durer, les responsables économiques se retrouvent aujourd'hui à devoir gérer jusqu'à l'horizon 88. Lire page 10.

LE DESTIN DE CHRISTINE VILLEMIN EN APPEL

Nouvelle journée de plaidoirie hier à la cour d'appel de Nancy dans l'affaire Grégory. Les magistrats se sont penchés sur le sort de Christine Villemin : non-lieu, assises ou supplément d'information ? Lire page 27.

L'ECHAPPEE BELLE

« Down by law » de Jim Jarmush prend tout le monde à contre-pied. Lire page 32.

CHASSE AUX TETES SUR TERRAIN DE SPORT

Les agences en recrutement de cadres supérieurs ont compris qu'il y avait gros à gagner en récupérant les valeurs du sport au profit de l'économie libérale. Lire page 39.

INDEX

Bourse : page 14 ; *Sélection programmes* : page 42 ; *Météo* : page 44 ; *Petites annonces* : page 43 ; *Mots croisés* : page 44 ; *Courrier* : page 45 ; *Télévision* : page 46.

Une du journal *Libération* du 13 novembre 1986.

5 2007-2012 : la présidence Sarkozy

En 2007, Nicolas Sarkozy remporte une nette victoire électorale sur le thème de la « rupture ».

1 Un parcours à la fois volontariste et opportuniste

• **S'imposer à la droite.** Marginalisé après 1995 pour avoir soutenu Édouard Balladur, Nicolas Sarkozy se rend indispensable à Jacques Chirac en 2002 en imposant le thème de l'insécurité dans la campagne présidentielle. Nommé ministre de l'Intérieur, il fait preuve d'initiatives nombreuses, dont certaines, vécues comme des provocations, aboutissent aux « émeutes des banlieues » de 2005. Les thèmes de l'immigration, de la délinquance et de l'intégration permettent au ministre de mobiliser son camp et son électorat.

• **La campagne présidentielle.** Profitant du discrédit des leaders de la droite (Juppé condamné, Villepin discrédité par l'échec du CPE), Sarkozy s'impose comme le candidat de l'UMP à l'élection présidentielle. Il promet la « rupture » avec les pratiques anciennes et une véritable progression du pouvoir d'achat de tous. Sa campagne dynamique est récompensée par un vote massif d'adhésion en sa faveur.

2 Des réformes menées rapidement et parfois très critiquées

• **Des réformes structurelles.** Le quinquennat de Nicolas Sarkozy est marqué par plusieurs réformes importantes, comme l'autonomie des universités, la réforme de la Constitution ou encore l'organisation du « Grenelle de l'environnement » pour adopter des mesures « vertes ».

• **Une politique fiscale et sociale qui creuse les inégalités ?** L'opinion encourage les longues grèves d'octobre-novembre 2010 contre le recul de l'âge de la retraite. Elle reproche au Président, auteur du « bouclier fiscal » (limite d'impôt à payer par les plus riches) et présentant volontiers sa proximité avec le mode de vie des plus riches, de ne pas demander les mêmes efforts à tous. Il s'ensuit une impopularité longue et profonde, assez inédite sous la Ve République.

3 Un environnement mondial incertain

• **La plus grave crise économique depuis 1929.** La France subit, à partir de 2008, une grave crise économique mondiale qui provoque chômage, hausse des charges, baisse du pouvoir d'achat et hausse des déficits publics. Dans ce contexte, les promesses de campagne de Sarkozy sont impossibles à tenir, ce qui lui coûte sa popularité.

• **Des relations Nord/Sud à redéfinir.** Tandis que les révolutions arabes entretiennent à la fois l'espoir d'un monde plus démocratique et la crainte d'une instabilité durable, les interventions militaires françaises (Afghanistan, Libye, Côte-d'Ivoire) sont de plus en plus contestées alors que Nicolas Sarkozy tient à les inscrire le plus possible dans le cadre de l'OTAN.

L'environnement, sujet central de la politique au XXIe siècle

Dès son élection, Nicolas Sarkozy organise une table ronde, dite « Grenelle de l'environnement », pour faire débattre ensemble les acteurs du climat, de la biodiversité, de la santé et de l'agriculture.

> Le plus important et le plus urgent est, à mes yeux, que le gouvernement adopte, à l'issue du Grenelle de l'environnement, un grand programme d'investissement pour la recherche dans les nouvelles technologies de l'environnement et de l'énergie. La France a une carte à jouer. Non seulement ces nouvelles technologies feront la croissance et les emplois de demain, mais elles nous permettront de réduire notre prélèvement sur les ressources de la planète [...]. Tous les produits de notre quotidien sont concernés, les vêtements, la voiture, la maison, l'ordinateur...
>
> Jean-Paul Fitoussi, président de l'Observatoire français des conjonctures économiques, *Le Monde*, samedi 6 octobre 2007.

POINT BAC

QUESTION OBLIGATOIRE

La Ve République, un régime politique inscrit dans la durée

VÉRIFICATION DES CONNAISSANCES

1. Choisir une définition pour une notion.

Pourquoi dit-on que la Ve République est un régime présidentiel ?

a. Le Président dispose du droit de dissolution sur l'Assemblée nationale. ❑

b. Le Président rédige les lois. ❑

c. Le Président est élu à vie. ❑

2. Choisir les dates clés d'une évolution.

Quand commence la crise économique provoquée par le « choc pétrolier » ?

a. En 1962 ❑

b. En 1973 ❑

c. En 1991 ❑

3. Citer des acteurs.

Simone Veil a fait adopter en 1975 la loi suivante :

a. L'interdiction de fumer dans les lieux publics. ❑

b. L'interruption volontaire de grossesse (IVG). ❑

c. Les radars sont disposés le long des routes. ❑

4. Caractériser un événement.

Pourquoi le 10 mai 1981 est-il un événement dans la vie politique française ?

a. Pour la première fois dans la Ve République, la gauche arrive au pouvoir. ❑

b. La guerre d'Algérie prend fin. ❑

c. Le Président français est élu pour la première fois au suffrage universel. ❑

5. Caractériser une période.

Depuis 1958, combien de fois la Ve République a-t-elle connu de cohabitations ?

a. 2 ❑

b. 3 ❑

c. 4 ❑

SUJET DE BAC SANS DOCUMENT

En quoi les modifications institutionnelles apportées par la Vᵉ République ont-elles transformé le fonctionnement politique en France ?

▶ 1. Préparation : 20 min.

Définissez et délimitez le sujet
Il n'est pas nécessaire d'aborder les aspects économiques ou culturels de la période. Seules les dispositions juridiques et électorales intéressent le jury.
Identifiez la problématique du sujet
Il s'agit de montrer ce que la Vᵉ République a voulu corriger et améliorer des précédentes expériences républicaines.
Bâtissez votre plan et mobilisez vos connaissances.

▶ 2. Présentation orale : 10 min.

Votre introduction présente la définition du sujet et la problématique.
Votre argumentation met en avant la conception gaullienne du pouvoir, centrée sur la personne du Président. Vous rappelez l'élection du Président au suffrage universel, le droit de dissolution de l'Assemblée, l'initiative du référendum, l'article 16 sur les pouvoirs spéciaux ou encore le « domaine réservé » de la politique extérieure, mais également les échecs aux référendums (de Gaulle 1969, Chirac 2005) et aux dissolutions (Chirac 1997), ainsi que les épisodes de cohabitation.
Votre conclusion montre que la Vᵉ République ne semble plus être contestée aujourd'hui, comme elle a pu l'être à ses débuts.

▶ 3. Questions du jury : 5 min.

a. Pourquoi la conception gaullienne du pouvoir a-t-elle pu faire craindre à certains que de Gaulle pourrait établir une dictature ?
b. Pourquoi une cohabitation semble-t-elle aujourd'hui impossible ?

TEST - TEST - TEST - TEST - TEST

6 Les Français et la construction européenne, de la fin des années 1950 à nos jours

1 Des visions européennes divergentes

• **Fédéralistes et souverainistes.** La construction européenne divise les peuples européens en général et les Français particulièrement entre partisans d'une Europe « fédérale », c'est-à-dire dotée d'un maximum d'attributions, et partisans d'une Europe des souverainetés nationales, faite de compromis entre États souverains.

• **Europe sociale et Europe libérale.** Deux conceptions du rôle de l'Europe face au reste du monde s'affrontent : les partisans d'une Europe sociale veulent faire de l'Union européenne une protection contre les concurrences déloyales du reste du monde, tandis que les partisans de l'Europe libérale parient sur la déréglementation pour imposer les produits européens sur les marchés mondiaux.

2 Une opinion publique partagée face à l'évolution de l'UE

• **Une indifférence face aux institutions européennes.** Depuis 1979, le Parlement européen est composé de députés élus dans les États, mais, en France comme ailleurs, l'abstention électorale à ces élections ne cesse d'augmenter, jusqu'à atteindre 60 % en 2009.

• **Une grande passion pour les référendums européens.** À deux reprises, en 1992 pour le traité de Maastricht et en 2002 pour le traité constitutionnel européen, les Français ont été consultés par référendum. À chaque fois, la campagne électorale a été vive et la participation a été très importante (plus de 70 %). Les Français ont même voté « non » lors du second référendum, avec une poussée du scepticisme antieuropéen dans les milieux populaires et les partis de gauche.

3 Un impact variable sur la vie quotidienne des Français

• **Le poids des règlements européens.** Pour instaurer un « marché commun européen », toute une série de normes techniques, commerciales, environnementales et sociales produites par les instances européennes s'impose aux États européens, y compris de manière contraignante par des institutions judiciaires et des condamnations.

• **Des politiques européennes intégrées dans plusieurs secteurs.** Des secteurs entiers de l'économie européenne sont largement encadrés et subventionnés par l'UE, comme la Politique agricole commune (PAC), dont la France est la première bénéficiaire. Par ailleurs, des politiques de convergence des systèmes éducatifs et de formation, avec échanges d'étudiants et validation des cursus, cherchent à faire émerger une jeunesse dynamique et polyglotte.

La progression de la défiance envers l'Europe

Deux grands référendums ont été organisés en France pour adopter des textes européens. Si le « oui » l'emporte en 1992 (51 %), c'est au tour du « non » (54 %) de l'emporter en 2005.

Électeurs proches de	« Non » au traité de Maastricht, 1992	« Non » au traité constitutionnel européen, 2005	Évolution 1992-2005
Extrême gauche	70,2 %	94 %	+ 23,8
Gauche parlementaire	36,7 %	63 %	+ 26,3
Droite parlementaire	50,9 %	27 %	- 23,9
Front national	92 %	93 %	+ 1

TEST - TEST - TEST - TEST - TEST - TEST

POINT BAC

SUJET D'ÉTUDE 1
Les Français et la construction européenne, de la fin des années 1950 à nos jours

VÉRIFICATION DES CONNAISSANCES

▶ 1. Choisir les dates clés d'une évolution.

De quand date le Traité de Rome qui crée la Communauté économique Européenne ?

a. 1950. ❑ **b.** 1957. ❑ **c.** 1992. ❑ **d.** 2005. ❑

▶ 2. Choisir une définition pour une notion.

Qu'appelle-t-on le « marché commun européen » ?

a. C'est un espace dans lequel les producteurs présentent leurs productions. ❑

b. C'est la liberté pour tout étudiant d'aller étudier où bon lui semble en Europe. ❑

c. C'est la libre circulation des marchandises au sein de l'Europe. ❑

▶ 3. Citer des acteurs

Quel président français a soumis le Traité de Maastricht à référendum en 1992 ?

a. Georges Pompidou ❑

b. Valery Giscard d'Estaing ❑

c. François Mitterrand ❑

d. Jacques Chirac ❑

▶ 4. Justifier une affirmation en argumentant

La France est un des moteurs de la construction européenne.

SUJET DE BAC AVEC DOCUMENT

L'Europe agricole

Doc 1 : les principes fondateurs de la construction européenne

Article 2

La Communauté a pour mission, par l'établissement d'un marché commun et par le rapprochement progressif des politiques économiques des États membres, de promouvoir un développement harmonieux des activités économiques dans l'ensemble de la Communauté, une expansion continue et équilibrée, une stabilité accrue, un relèvement accéléré du niveau de vie et des relations plus étroites entre les États qu'elle réunit. [...]

Article 39
La politique agricole commune (PAC) a pour but :
- d'accroître la productivité de l'agriculture en développant le progrès technique, en assurant le développement rationnel de la production agricole ainsi qu'un emploi optimum des facteurs de production, notamment de la main-d'œuvre ;
- d'assurer ainsi un niveau de vie équitable à la population agricole, notamment par le relèvement du revenu individuel de ceux qui travaillent dans l'agriculture [...].

Doc 2 : l'inquiétude du monde paysan face aux mesures européennes

Éleveur de bovins, Patrick Benezit exploite avec sa femme une ferme de 100 hectares dans le Cantal : 80 vaches allaitantes et leurs veaux et génisses. Il touche de l'Europe 27 000 euros d'aides dont 10 000 euros d'aides directes, 10 000 euros de primes à la vache allaitante et 7 000 euros d'indemnités de zone de montagne. « Sans ces aides, je n'existerais plus », lâche-t-il, expliquant qu'il arrive à dégager tout juste 10 000 euros de revenu annuel. « Et même avec ces aides, on a du mal à s'en tirer, vu le prix très bas auquel on vend notre viande, alors que les charges se sont renchéries ces dernières années. Tout ce que nous demande la société en termes de qualité et d'environnement est légitime mais cela a un coût. »

L.V.E., « Du céréalier à l'éleveur en montagne, le grand écart des exploitants français », *Le Monde*, 20 novembre 2010.

1. Préparation : 20 min.

Présentez les documents. Repérez la nature, la date et le thème des deux documents.
Exploitez les documents. Replacez-les dans l'évolution de la construction européenne. Relevez les principes annoncés et les résultats de cette politique.
Construisez votre plan.

2. Présentation orale : 10 min.

Votre introduction. Présentez les documents et proposez une problématique.
Votre argumentation. Montrez le lien que les agriculteurs européens établissent entre les mesures européennes les concernant et les revenus qu'ils tirent de leur activité.
Votre conclusion. Soulignez l'intérêt du document pour comprendre les conséquences pour le monde agricole de la construction européenne.

3. Questions du jury : 5 min.

a. À quels concurrents extra-européens les agriculteurs européens sont-ils confrontés ?
b. Connaissez-vous un autre domaine économique dans lequel la politique européenne a une forte influence ?

7 Géographie électorale de la France contemporaine

1 Deux élections majeures de la Ve République : présidentielles et régionales

• **Les élections présidentielles.** Nouveauté de la Ve République, l'élection du Président au suffrage universel direct donne lieu à des campagnes électorales qui durent de longs mois et qui mobilisent massivement les électeurs. La droite a remporté six victoires (de Gaulle, Pompidou, Giscard, Chirac à deux reprises, Sarkozy) contre deux victoires de la gauche (Mitterrand à deux reprises).

• **Les élections régionales.** Instaurées depuis les lois de décentralisation de 1983, les élections régionales désignent les conseils régionaux des 27 régions de métropole et d'outre-mer. Après trois premières élections dominées par la droite, les deux dernières élections (2004 et 2010) ont donné la direction de la quasi-totalité des régions à la gauche.

2 Les Français face aux différents rendez-vous électoraux

• **Une participation très variable.** Si la participation aux élections présidentielles et aux élections municipales reste très forte, d'autres élections intéressent moins les Français. Ainsi, les élections cantonales et européennes souffrent du peu de connaissances de l'action des Départements et de l'Union européenne. Par ailleurs, d'une manière générale, les électorats ruraux, féminins et âgés votent plus que les électorats urbains, masculins et jeunes.

• **Des votes liés aux conjonctures du moment.** Les élections ont pour fonction de désigner les dirigeants du pays et des collectivités territoriales mais elles sont aussi l'occasion pour les Français d'exprimer leur éventuelle défiance envers la politique menée. C'est ainsi que sont interprétés les résultats des municipales de 1983 contre Mitterrand, des législatives de 1997 contre Chirac, des régionales de 2010 contre Sarkozy.

3 Les grandes ruptures

• **La recomposition de l'électorat de gauche.** Dominé par le Parti communiste aux débuts de la Ve République, la gauche a perdu une partie de l'électorat ouvrier et c'est le Parti socialiste qui la domine depuis trente ans, tandis qu'un nouvel électorat, urbain, jeune et moderne, appuie le mouvement écologiste.

• **La recomposition de l'électorat de droite.** Dominée par le gaullisme souverainiste qui s'appuyait sur les votes féminin, rural et catholique dans les premières années de la Ve République, la droite a perdu une partie de ses références gaullistes et catholiques. Devenue plus proeuropéenne et libérale, elle laisse depuis trente ans le Front national exprimer les ressentiments d'un électorat populaire, déclassé et périurbain.

L'évolution de l'électorat de gauche

Q. La gauche s'est surtout imposée dans les grandes villes, qu'en pensez-vous ?
CG. Cela confirme une nouvelle géographie électorale, elle-même influencée par une nouvelle géographie sociale. Le PS et les Verts obtiennent de bons scores dans les métropoles qui se sont embourgeoisées avec l'arrivée de classes moyennes supérieures intellectuelles, les bobos, qui s'installent dans les anciens quartiers populaires.

Q. La gauche ne doit donc pas sa victoire aux classes populaires ?
CG. Oh non ! La gauche est forte là où le peuple est faible. On le voit par rapport à l'abstention. Plus elle est importante, plus forte est la gauche. Or, les premiers à s'abstenir, ce sont les milieux populaires.

Interview de Christophe Guilly, géographe, © 20 minutes, 2008.

POINT BAC

SUJET D'ÉTUDE 2
Géographie électorale de la France contemporaine

VÉRIFICATION DES CONNAISSANCES

▶ 1. Choisir une définition pour une notion.

Qu'appelle-t-on un scrutin uninominal à deux tours ?

a. C'est une élection dans laquelle il n'y a qu'un candidat. ❑

b. C'est une élection dans laquelle le candidat qui a le meilleur score au premier tour est élu. ❑

c. C'est une élection dans laquelle le candidat qui a le meilleur score est élu au premier tour s'il a la majorité absolue, sinon au deuxième tour. ❑

d. C'est une élection dans laquelle une liste est élue. ❑

▶ 2. Caractériser un événement.

Que s'est-il passé le 21 avril 2002 ?

a. La France fait exploser la première bombe atomique. ❑

b. La France rentre dans l'Union européenne. ❑

c. Jean-Marie Le Pen, candidat de l'extrême droite, accède au 2e tour de la présidentielle. ❑

▶ 3. Citer des acteurs.

Lesquels de ces partis appartiennent à la « gauche » ?

a. L'Union pour une majorité populaire. ❑

b. Le Parti socialiste. ❑

c. Le Front national. ❑

d. Le Parti communiste. ❑

▶ 4. Caractériser une période.

Quelles sont les grandes évolutions électorales que la Ve République a connues depuis cinquante ans ?

a. L'élection présidentielle donne le plus souvent la victoire à la gauche. ❑

b. L'abstention ne cesse d'augmenter. ❑

c. Le Parti communiste est de plus en plus puissant face au Parti socialiste. ❑

d. Les référendums sur les sujets européens donnent des résultats de plus en plus pro-européens. ❑

SUJET DE BAC AVEC DOCUMENT

« Le vote sanction »

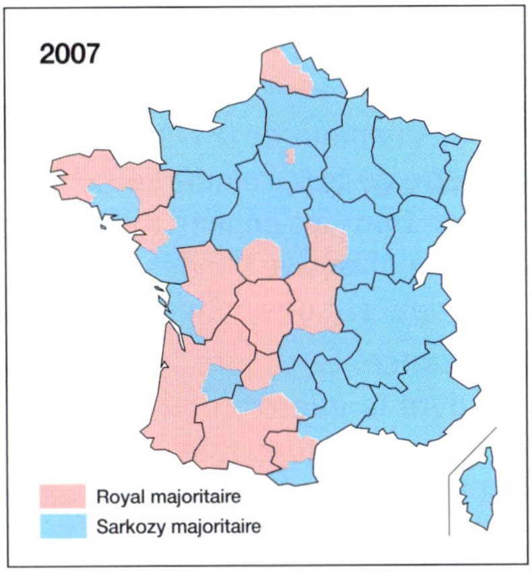

1. Répartition des votes lors de l'élection présidentielle de 2007

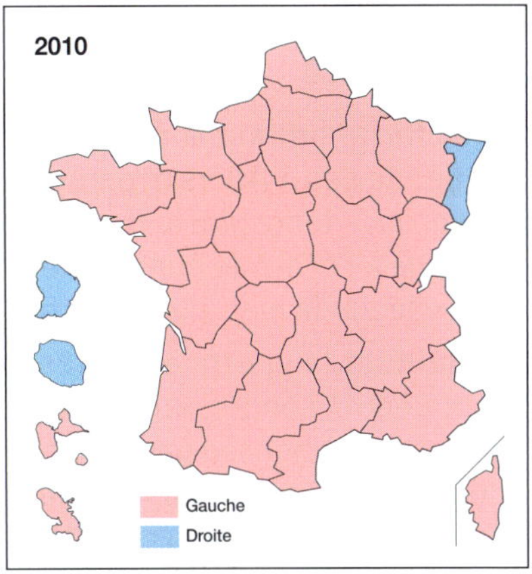

2. Répartition des votes lors des élections régionales de 2010

▶ 1. Préparation : 20 min.

Présentez les documents. Repérez la nature des deux documents ainsi que la date et le type d'élections qui sont cartographiées.
Exploitez les documents. Relevez les régions dont la majorité des votes passe de droite à gauche entre 2007 et 2010.
Construisez votre plan.

▶ 2. Présentation orale : 10 min.

Votre introduction. Présentez les documents et proposez une problématique.
Votre argumentation. Montrez le basculement de nombreuses régions françaises de droite à gauche durant les premières années de présidence de Nicolas Sarkozy.
Votre conclusion. Soulignez l'intérêt de la comparaison de cartes pour comprendre l'évolution de l'électorat.

▶ 3. Questions du jury : 5 min.

a. Pour quelles mesures des électeurs peuvent-ils avoir la tentation de sanctionner le Président Sarkozy ?
b. Quelles circonstances indépendantes de Nicolas Sarkozy peuvent-elles avoir pesé dans le basculement des électeurs vers la gauche ?

8 Charles de Gaulle, une vie d'engagements

1 Le patriote

• **Un officier brillant et marginal.** Élevé dans l'amour de la France, de Gaulle suit l'école des officiers et participe à la guerre de 1914 comme lieutenant. Fait prisonnier, il tente plusieurs fois de s'évader. Dans les années 1920 et 1930, il enseigne à l'école de guerre une doctrine de l'offensive blindée qui n'est pas comprise par la majorité des officiers supérieurs et des hommes politiques.

• **Continuer la guerre et représenter la France.** Le 18 juin 1940, de Gaulle lance depuis Londres un appel à poursuivre la guerre contre la demande d'armistice annoncée par Pétain. Pendant toute la guerre, la « France libre » maintient la France dans la guerre. À la Libération, la France compte ainsi parmi les vainqueurs du conflit.

2 L'homme d'État

• **L'opposition à la IVe République.** Dirigeant du gouvernement provisoire jusqu'en janvier 1946, de Gaulle donne le droit de vote aux femmes et applique le programme de la Résistance. Mais, opposé au projet constitutionnel, il démissionne et se pose pendant douze années (1946-1958) en opposant solitaire à la IVe République. La guerre d'Algérie et la menace de guerre civile lui donnent l'occasion de revenir au pouvoir en posant ses conditions.

• **Les années de Gaulle.** Dès 1958, de Gaulle impose une Ve République beaucoup plus présidentielle, avec, entre autres, l'élection du Président au suffrage universel. Après 1962 et la fin de la guerre algérienne, de Gaulle se consacre à la place de la France dans le monde. En s'appuyant sur la nouvelle puissance nucléaire du pays, de Gaulle sort de l'OTAN et s'affirme comme une voix différente des États-Unis. Partisan de l'Europe des nations, il s'oppose à l'entrée du Royaume-Uni dans la construction européenne.

3 Un homme politique aussi controversé qu'admiré

• **La France contre le pouvoir personnel.** De Gaulle, qui se vit comme l'incarnation de la France, centralise les pouvoirs politiques de la Ve République, mais il contrôle également la radio et la télévision. Des secteurs de la société qui se sentent étouffés, comme la jeunesse ou le monde ouvrier, finissent par exprimer leurs aspirations lors du grand mouvement de grèves de Mai 1968. Affaibli par la crise, de Gaulle tente un référendum en avril 1969, qu'il perd et qui le décide à démissionner.

• **L'héritage difficile.** Durant les années qui suivent, le mouvement gaulliste se divise et perd le pouvoir (1974) tandis que son adversaire politique principal (Mitterrand) est élu en 1981. Avec le temps, toutefois, de Gaulle devient une figure incontournable de l'histoire française, y compris à gauche.

L'appel du 18 Juin 1940

Refusant la proposition d'armistice que Pétain a adressée à l'Allemagne, de Gaulle se rend à Londres et lance par radio un appel à continuer la guerre aux côtés des Britanniques.

Les chefs qui, depuis de nombreuses années, sont à la tête des armées françaises, ont formé un gouvernement. Ce gouvernement, alléguant la défaite de nos armées, s'est mis en rapport avec l'ennemi pour cesser le combat. Certes, nous avons été, nous sommes submergés par la force mécanique, terrestre et aérienne de l'ennemi. [...] Mais le dernier mot est-il dit ? L'espérance doit-elle disparaître ? La défaite est-elle définitive ? Non ! [...]
Car la France n'est pas seule. Elle n'est pas seule ! Elle n'est pas seule ! Elle a un vaste empire derrière elle. Elle peut faire bloc avec l'Empire britannique [...]. Cette guerre n'est pas tranchée par la bataille de France. Cette guerre est une guerre mondiale. [...]
Moi, général de Gaulle, actuellement à Londres, j'invite les officiers et les soldats français qui se trouvent en territoire britannique, ou qui viendraient à s'y trouver, avec leurs armes ou sans leurs armes, j'invite les ingénieurs et les ouvriers spécialistes des industries d'armement [...] à se mettre en rapport avec moi.
Quoi qu'il arrive, la flamme de la résistance française ne doit pas s'éteindre et ne s'éteindra pas.
Demain, comme aujourd'hui, je parlerai à la radio de Londres.

Discours prononcé le 18 juin 1940, au micro de la BBC à Londres.

POINT BAC

SUJET D'ÉTUDE 3

Charles de Gaulle, une vie d'engagements

VÉRIFICATION DES CONNAISSANCES

1. Justifier une affirmation en argumentant.

Le rôle du Président dans la Ve République garantit une plus grande stabilité des institutions que sous la IVe République.

2. Choisir les dates clés d'une évolution.

La guerre d'Algérie dure jusqu'en :

- **a.** 1958. ❏
- **b.** 1962. ❏
- **c.** 1968. ❏

3. Choisir une définition pour une notion.

Qu'appelle-t-on la dissuasion nucléaire ?

- **a.** Il s'agit de la capacité à produire de l'énergie électrique avec des centrales nucléaires. ❏
- **b.** Il s'agit de disposer de sous-marins à propulsion nucléaire. ❏
- **c.** Il s'agit de disposer de missiles nucléaires qui découragent toute attaque directe contre la France. ❏

4. Caractériser un événement.

Comment peut-on caractériser la crise de Mai 1968 ?

- **a.** L'armée française tente un coup d'État. ❏
- **b.** Les étudiants et les salariés mènent la plus grande grève que la France ait connue. ❏
- **c.** La crise économique et agricole menace le pays de famine. ❏

SUJET DE BAC AVEC DOCUMENT

De Gaulle incarnait-il la France ?

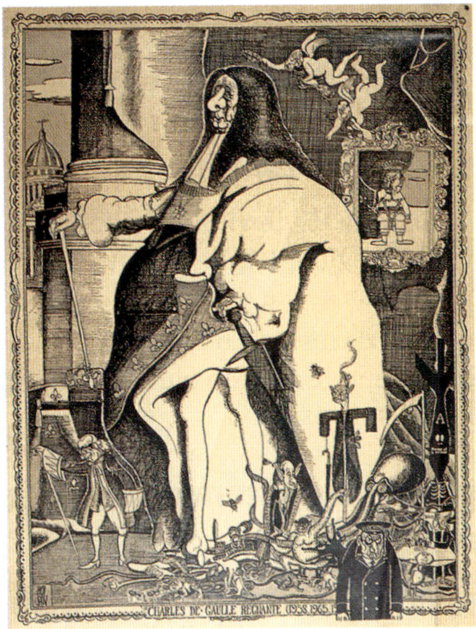

Caricature de Moisan parue dans *Le Canard enchaîné* en 1965.

▶ 1. Préparation : 20 min.

Présentez le document. Repérez la nature, la date et le thème du document.

Exploitez les documents. Relevez tous les symboles de la majesté du pouvoir et tout ce qui ridiculise cette majesté.

Construisez votre plan.

▶ 2. Présentation orale : 10 min.

Votre introduction. Présentez le document et proposez une problématique.

Votre argumentation. Montrez que le lien entre de Gaulle et Louis XIV sert à ridiculiser la posture majestueuse de Charles de Gaulle.

Votre conclusion. Soulignez l'intérêt du document pour comprendre que la France de 1965 n'est pas entièrement dupe de la présentation majestueuse que de Gaulle donne de son pouvoir.

▶ 3. Questions du jury : 5 min.

a. De quelle manière est rappelée dans ce document la puissance militaire de la France voulue par de Gaulle ?

b. Quel événement électoral majeur a lieu en 1965 ?

9 Acteurs et territoires de proximité en France

Le territoire national s'organise de plus en plus à partir des collectivités territoriales.

1 Un emboîtement de structures

• **Les territoires de proximité.** Le territoire se décompose en un ensemble d'entités administratives (Région, Département, commune, structure intercommunale) qui sont les lieux de vie des habitants (quartier, hameau, etc.).

• **L'émergence de nouveaux acteurs.** Les citoyens, les élus, les associations ou les entreprises participent de plus en plus aux politiques mises en place par les structures administratives.

2 Une répartition des compétences entre les différentes collectivités locales

• **La commune, échelon de base.** Le maire et son conseil municipal s'occupent des projets locaux (plan local d'urbanisme, plan de prévention des risques, entretien des écoles primaires, de la voirie communale). Ils délivrent également des documents importants pour les habitants (carte d'identité, acte de naissance, permis de construire). Le Département est géré par le conseil général (élu au suffrage universel direct) et par un préfet nommé par l'État. Le Département s'occupe des maisons de retraite, de la protection de l'enfance, des collèges, des transports scolaires, des routes départementales.

• **La Région, une maille de plus en plus importante.** Ses compétences ont été définies par les lois de décentralisation (1982-1983, 2005). Elle est gérée par le conseil régional (élu au suffrage universel direct) et par un préfet de région nommé par l'État qui applique les décisions du gouvernement.

3 Un cadre de plus en plus important : l'intercommunalité

• **Les EPCI (établissements publics de coopération intercommunale).** Ils ont été créés par la loi de 1999, comme échelon intermédiaire entre les collectivités territoriales. C'est l'intercommunalité. Elle a été impulsée par l'État afin de permettre aux communes de s'associer dans des projets communs que, seules, elles n'auraient pas pu financer.

• **Les communautés d'agglomération et les communautés urbaines.** Les premières portent sur des agglomérations (une ville-centre et les communes qui l'entourent) de plus de 50 000 habitants. Les secondes concernent les grandes agglomérations de plus de 500 000 habitants.

• **Les communautés de communes.** Elles se situent surtout en milieu rural et sur les petites villes. Elles se forment à partir des cantons existants ou, parfois, des SIVOM (syndicats à vocation multiple) qui s'occupent de services particuliers (adduction d'eau, ramassage et traitements des déchets, etc.). Elles peuvent former des pays (regroupement de communes correspondant à un bassin de vie).

Les collectivités territoriales en France

Compétences	Conseil municipal (36 790 communes)	Conseil général (101 départements)	Conseil régional (22 régions métropolitaines, 5 régions d'outre-mer)
Action sociale	• Établissement des demandes transmises au conseil général	• Allocations aux enfants, familles, personnes âgées, personnes handicapées • Revenu minimum d'insertion (RMI) • Logement social	• Financement des hôpitaux
Éducation	• Construction, équipement et entretien des écoles	• Construction, équipement et entretien des collèges	• Construction, équipement et entretien des lycées
Transports et infrastructures	• Entretien de la voirie communale • Transports urbains	• Entretien de la voirie départementale et d'une partie des routes nationales	• Entretien de la voirie nationale, des gares, des ports • Transports collectifs d'intérêt régional (TER : trains express régionaux)

10 La Région, acteur essentiel de l'aménagement

La Région est la maille administrative privilégiée de l'aménagement du territoire.

1 Qu'est-ce qu'une région ?

• **Les significations du mot « région ».** La région correspond d'abord à un ensemble aux caractères naturels et historiques communs et à forte identité (Bretagne, Alsace par exemple). C'est ensuite un espace sous influence d'un grand pôle urbain grâce notamment aux réseaux de communication (région polarisée ou métropolitaine).

• **La Région, une maille administrative du territoire français.** Créée en 1955, les Régions n'ont eu de réelles compétences et d'autonomie qu'à partir des lois de décentralisation (1982-83, 2005).

2 La Région, de plus en plus d'actions essentielles au quotidien

• **Les fonctions de la Région.** La Région est chargée de l'aménagement du territoire régional, du développement économique et culturel, de l'organisation des transports et de l'enseignement scolaire.

• **L'extension des compétences.** Depuis 2002, les Régions s'occupent de l'organisation des transports ferroviaires régionaux (TER), avec la SNCF. Depuis 2004, la Région gère les personnels techniques, ouvriers et de services des établissements scolaires, et prend en charge en partie l'enseignement supérieur et la recherche. Les dépenses des Régions sont de plus en plus lourdes.

3 La Région, une montée en puissance dans le cadre de l'Union européenne

• **Les relations entre la Région et l'UE.** La Région est l'espace privilégié des politiques et des aides européennes. L'UE finance nombre de projets par le FEDER (Fonds européen de développement économique régional). De plus, les régions situées de part et d'autre des frontières des États de l'UE développent des politiques communes dans le cadre des Eurorégions.

• **Des régions françaises trop petites à l'échelle européenne ?** Comparées à des régions d'autres États européens, les régions françaises sont trop petites économiquement et démographiquement. L'UE pousse à des regroupements de régions, pour passer de 22 régions métropolitaines actuelles à 6. Ces regroupements sont les « missions interministérielles et interrégionales d'aménagement du territoire » (MILAT).

Les domaines d'action de la Région

Trois compétences régionales principales représentent les deux tiers des dépenses dans le budget régional : les transports, l'enseignement et la formation professionnelle. Deux autres complètent ce tableau : l'action économique et la redistribution des fonds européens.

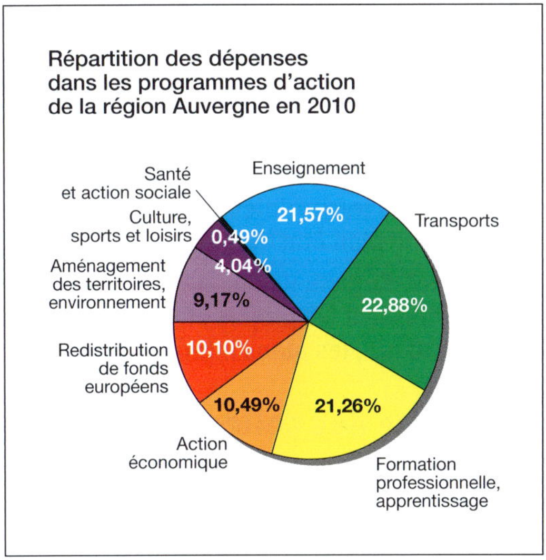

11 Les fondements de l'aménagement du territoire en France

1 Une tradition d'aménagement

• **La politique nationale d'aménagement du territoire.** Elle a pour objectif une meilleure répartition des hommes et des activités sur le territoire national. Elle se met en place à partir des années 1950 et de la constatation de l'opposition entre un Ouest rural et agricole et un Est urbain et industriel. L'État développe par exemple de grands projets d'équipements touristiques des littoraux et des montagnes.

• **L'action de la DATAR.** Créée en 1963, elle avait pour objectif d'impulser et d'organiser la politique d'aménagement du territoire. Aujourd'hui, devenue Délégation à l'aménagement du territoire et à l'attractivité régionale, elle vise à renforcer la compétitivité des territoires.

2 Une évolution de l'aménagement

• **Les lois de décentralisation de 1982-1984.** Elles ont confié l'aménagement du territoire aux collectivités territoriales par un transfert de compétences, dans le cadre de contrats de plan État/Région.

• **Les contrats de plan État-Région.** Ils ont été créés en 1982-1983 et ont une durée de sept ans. Ils définissent les projets et leur financement à parité entre l'État et la Région. Aujourd'hui, les plans interrégionaux sont encouragés.

3 L'État : un partenaire des collectivités locales

• **De nouvelles lois.** La loi d'orientation pour l'aménagement et le développement du territoire de 1995 et la loi d'orientation pour l'aménagement et le développement durable du territoire de 1999 ont donné de nouvelles compétences en matière d'aménagement aux collectivités territoriales.

• **Leurs objectifs.** Elles portent sur la coordination entre développement économique et protection de l'environnement et sur l'intercommunalité. Elles favorisent les actions de développement durable et de compétitivité des territoires.

Les réalisations des politiques d'aménagement du territoire

Les politiques menées depuis les années 1950 ont principalement porté sur le rééquilibrage du territoire, les espaces ruraux, les littoraux, les montagnes et les espaces qui connaissent des difficultés sociales ou économiques.

12 L'aménagement des territoires de proximité

Avec la décentralisation, les collectivités territoriales apparaissent comme un acteur fondamental de l'aménagement du territoire à l'échelle locale et des territoires du quotidien.

1 La recherche d'une meilleure qualité de vie

• **L'essor de la protection de l'environnement.** La protection de l'environnement en France passe par la création d'espaces protégés (parcs nationaux créés en 1960, parcs naturels régionaux en 1967, réserves naturelles). C'est aussi le rôle de certains organes administratifs comme le Conservatoire du littoral et des rivages lacustres (1975). Enfin, ce sont des lois spécifiques comme la loi Paysages de 1999.

• **Les autres actions.** La volonté d'offrir une meilleure qualité de vie aux habitants s'intègre à d'autres politiques : la transformation des quartiers urbains en difficulté par la rénovation urbaine et le développement d'activités et d'emplois, la mise en place de plans de déplacement urbain dans les agglomérations afin de diminuer la pollution de l'air. C'est aussi l'insertion du développement durable dans les projets des collectivités territoriales à travers l'Agenda 21.

2 Les questions du financement

• **Le rôle des subventions.** Le financement des projets est réalisé par différents acteurs à différentes échelles : l'UE (fonds structurels et FEDER), l'État et les collectivités territoriales.

• **L'apport de la fiscalité.** Les collectivités territoriales disposent de recettes propres qui proviennent d'impôts directs sur les particuliers et les entreprises (taxe d'habitation, taxe foncière, contribution économique territoriale). Elles récoltent aussi des impôts indirects (taxes sur les permis de conduire, les produits pétroliers, etc.). Les recettes sont ensuite réparties entre la commune (50 %), le Département (1/3) et la Région (7 %).

• **Les autres ressources.** En dehors de ces recettes principales, les collectivités peuvent aussi financer leurs projets par des emprunts (mais elles alors s'endettent), par la vente de services aux particuliers (transport, cantine, activités culturelles). Enfin, il existe un système de solidarité entre les collectivités pour atténuer les inégalités entre elles.

L'Agenda 21 en France en 2011

L'Agenda 21 est issu du Sommet de la Terre de Rio en 1992, qui a défini 21 actions à mener au XXIe siècle pour sauvegarder la planète. Ces 21 actions se déclinent à l'échelle nationale, régionale, départementale et communale. Les régions du nord-est et du sud-est de la France ont moins participé à cette politique que celles du Nord ou du Sud-Ouest.

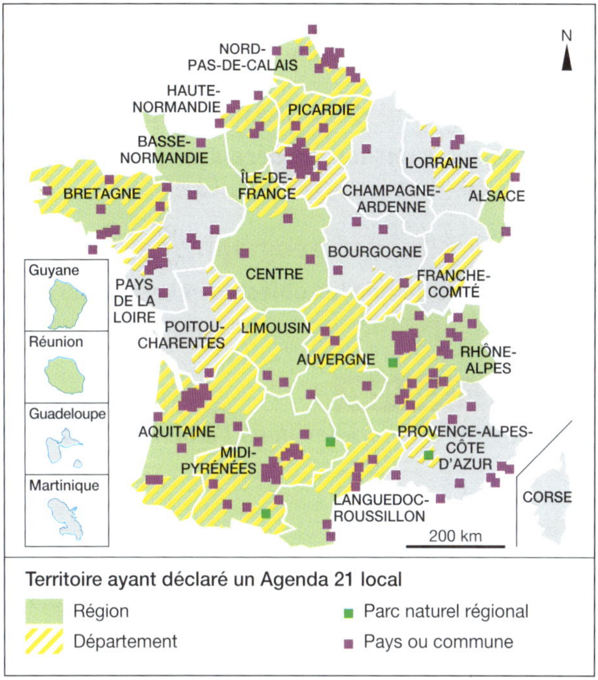

TEST - TEST - TEST - TEST - TEST - TEST

POINT BAC

QUESTION OBLIGATOIRE
Comprendre les territoires de proximité

VÉRIFICATION DES CONNAISSANCES

▶ 1. Connaître les acteurs et leurs rôles.

Quelles sont les trois collectivités territoriales qui existent en France ?

a. Eurorégion, Région, Département. ❑

b. Région, Département, commune. ❑

▶ 2. Resituer le contexte d'un phénomène.

Quelles sont les dates des lois de décentralisation ?

a. 1982 et 1983. ❑ **b.** 1955 et 1982. ❑

▶ 3. Expliquer une situation géographique.

Présentez de manière simple les objectifs et le contenu de la décentralisation en France.

SUJET DE BAC SANS DOCUMENT

Le rôle des collectivités territoriales dans l'aménagement du territoire en France.

▶ 1. Préparation : 20 min.

Définissez et délimitez le sujet. Soyez attentif au terme de « rôle ». Il s'agit de montrer les politiques menées par les Régions, les Départements et les communes.

Identifiez la problématique du sujet. Elle repose sur la nécessité d'aménager les territoires du quotidien pour améliorer le cadre de vie des habitants.

Bâtissez votre plan et mobilisez vos connaissances. Le plan peut se construire en trois parties, dans lesquelles vous insérerez quelques exemples précis et pertinents.

▶ 2. Présentation orale : 10 min.

Votre introduction. Définissez le sujet en insistant sur le terme de « rôle ». Présentez les enjeux du sujet et expliquez votre problématique.

Votre argumentation. Développez dans le plan les idées essentielles : les origines de leur rôle, leurs actions et enfin leurs difficultés.

Votre conclusion. Soulignez le fait que le rôle des collectivités augmente avec leurs compétences.

▶ 3. Questions du jury : 5 min.

a. Définissez ce qu'est l'intercommunalité.
b. Quel est le rôle en matière d'éducation de la Région ?

SUJET DE BAC AVEC DOCUMENT

La protection de l'environnement en France en 2011

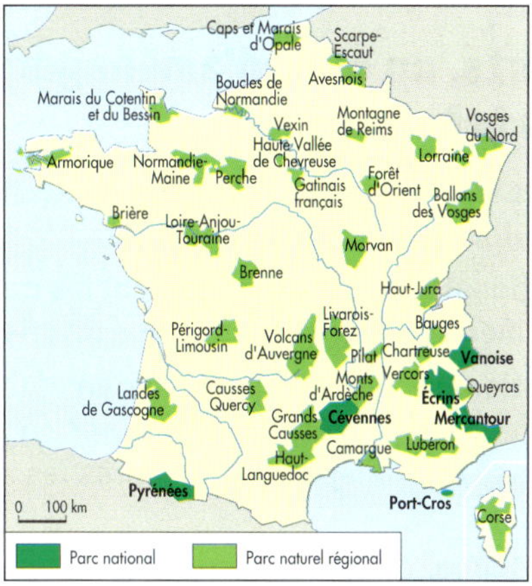

▶ 1. Préparation : 20 min.

Présentez le document. Repérez la nature, la date et le thème du document. Lisez le document.
Exploitez le document. Classez les informations (principaux espaces concernés par les parcs nationaux et régionaux, types d'espaces : littoraux, montagnes, ruraux, urbains).
Construisez votre plan.

▶ 2. Présentation orale : 10 min.

Votre introduction. Présentez le document et proposez une problématique.
Votre argumentation. Mettez en évidence et expliquez les localisations et les phénomènes constatés.
Votre conclusion. Soulignez l'intérêt du document.

▶ 3. Questions du jury : 5 min.

a. À quelles dates ont été créés les parcs nationaux et les parcs naturels régionaux ?
b. Qu'est-ce qui explique l'essor de la politique de l'environnement en France ?

SUJET D'ÉTUDE 1

13 Les transports, enjeu(x) d'aménagement et d'équité

Des schémas d'aménagement des transports existent à toutes les échelles. Les transports apparaissent comme un outil pour aménager les territoires et permettre une meilleure gestion des flux et de meilleures conditions de vie aux citoyens, alors que les mobilités augmentent.

1 Les transports, un outil d'aménagement du territoire à toutes les échelles

- **À l'échelle locale**, la place des transports collectifs dans les mobilités (métro, RER, TER, autobus, tramway) augmente.
- **À l'échelle régionale**, on trouve également les trains régionaux et autocars, dont la part augmente aussi, sauf en temps de crise.
- **À l'échelle nationale**, les transports aérien et ferroviaire (TGV et grandes lignes) l'emportent, mais avec des évolutions contrastées, en fonction des crises (forte baisse du transport aérien après les attentats du 11 septembre 2001).
- **À toutes les échelles**, l'automobile reste le moyen de transport privilégié, en croissance constante, malgré une stagnation depuis les années 2000.

2 Les transports, facteurs d'organisation des espaces régionaux

- **Les Français** utilisent dans leur vie quotidienne un grand nombre de transports, individuels ou collectifs, pour des déplacements de travail, de loisirs, de courses.
- **Les collectivités territoriales** sont en charge de l'organisation, de la gestion et de l'information en matière de transports. Elles cherchent à développer des transports plus écologiques (réseaux ferroviaires, tramway, vélo). Les transports représentent un tiers des dépenses d'une région.
- **L'organisation des transports** entraîne la concentration des flux de marchandises et d'hommes sur les nœuds de transports. Leur localisation relève d'un choix politique car elle favorise l'essor économique et démographique.

3 Transports et attractivité des métropoles

- **Le plan de déplacements urbains**, obligatoire dans les agglomérations de plus de 100 000 habitants, permet une meilleure gestion des déplacements.

Le partage de l'espace urbain (séparation des espaces des piétons, des deux-roues, des bus, des voitures ou du tramway) facilite la sécurisation des différents usagers. Il s'agit aussi de permettre l'essor des transports en commun pour circuler dans la ville.

- **Le rôle des transports dans la métropolisation**

La taille, le dynamisme et l'influence d'une métropole sont aujourd'hui liés à l'importance des réseaux de transports très denses. Ainsi, à Lille, l'importance des transports collectifs de l'agglomération, associée à un réseau autoroutier régional dense, permet une attractivité jusqu'en Belgique. Cela a pour conséquence le développement d'un grand centre d'affaires français (Euralille) qui rivalise aujourd'hui avec d'autres métropoles européennes. Tertiarisation et métropolisation entraînent un développement économique sans précédent des métropoles.

Évolution de la répartition des voyageurs par mode de transport en France

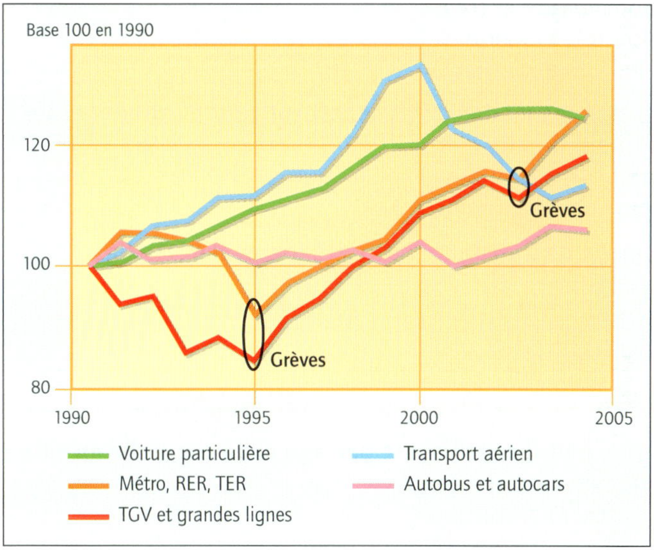

TEST - TEST - TEST - TEST - TEST - TEST

POINT BAC

SUJET D'ÉTUDE 1
Les transports, enjeu(x) d'aménagement et d'équité

VÉRIFICATION DES CONNAISSANCES

1. Restituer les principales connaissances.

Définissez ce qu'est un plan de déplacement urbain.

a. Obligatoire dans les villages, il permet d'interdire le passage aux poids lourds. ❑

b. Obligatoire dans les agglomérations de plus de 100 000 habitants, il permet une meilleure gestion des déplacements. ❑

c. Il n'existe que dans les métropoles de plus d'un million d'habitants pour gérer les embouteillages. ❑

2. Confronter des situations géographiques.

Quels sont les modes de transport d'échelle nationale ?

a. Avion, voiture et train. ❑

b. Vélo, train et avion. ❑

c. Train, avion et tramway. ❑

Quels sont les modes de transport collectif d'échelle locale ?

a. Voiture, tramway et bus. ❑

b. Vélo, tramway et bus. ❑

c. Vélo, train et avion. ❑

Quel mode de transport s'utilise à toutes les échelles ?

a. Le vélo. ❑

b. Le train. ❑

c. La voiture. ❑

3. Comprendre une situation géographique.

Pourquoi faut-il organiser le partage de la chaussée en ville ?

a. Pour éviter les accidents. ❑

b. Pour taxer les voitures. ❑

c. Pour permettre aux vélos de circuler. ❑

4. Situer le rôle des acteurs.

Quelle collectivité territoriale est chargée de l'organisation des trains express régionaux ?

a. La Région. ❑ **b.** La commune. ❑ **c.** Le Département. ❑

SUJET DE BAC AVEC DOCUMENT

Les modes de déplacement dans les grandes villes françaises

La répartition des déplacements dans les métropoles françaises

	Marche	Vélo	Deux-roues motorisés	Voiture	Transports collectifs urbains	Total transports collectifs
Strasbourg	33,4 %	7,6 %	0,6 %	45,9 %	11,2 %	12,5 %
Lille	31,4 %	1,6 %	0,8 %	56,1 %	9,3 %	10,1 %
Lyon	33,6 %	1,7 %	0,5 %	47,4 %	15,3 %	16,8 %

Source : Communauté urbaine de Strasbourg, 2011.

▶ 1. Préparation : 20 min.

Présentez le document. Repérez la nature, la date et le thème du document. Regardez attentivement le document.
Exploitez le document. Replacez-le dans le cadre de l'enjeu de la mobilité dans les agglomérations. Classez les informations (principaux modes de déplacement, modes de transport moins utilisés). Trouvez des explications aux phénomènes observés (causes de la mobilité, choix du transport).
Construisez votre plan.

▶ 2. Présentation orale : 10 min.

Votre introduction. Présentez le document et proposez une problématique.
Votre argumentation. Mettez en évidence et expliquez les localisations et les phénomènes constatés.
Votre conclusion. Soulignez l'intérêt du document pour comprendre l'organisation et les enjeux des transports urbains.

▶ 3. Questions du jury : 5 min.

a. En dehors de l'échelle urbaine, quelles sont les autres échelles de la mobilité ?
b. Qu'est-ce qui explique l'essor des transports collectifs dans les agglomérations ?

14 Solidarité des territoires et des personnes

Les inégalités peuvent être sociales, démographiques ou économiques au sein des collectivités territoriales. Pour les diminuer, l'État a mis en place une série de mesures de solidarité entre les territoires et les personnes.

1 Des inégalités à toutes les échelles

• **À l'échelle régionale :** entre des régions riches (Île-de-France, Alsace, Rhône-Alpes, PACA) et des régions pauvres (Nord-Pas-de-Calais, Lorraine, Massif central, Corse principalement), entre villes et campagnes, entre types de campagne (entre régions agricoles riches de vignoble ou de céréaliculture et régions agricoles pauvres des moyennes montagnes).

• **À l'échelle départementale**, on remarque des inégalités fortes. Ainsi, si l'Île-de-France est la région la plus riche de France, le département de la Seine-Saint-Denis a un taux de pauvreté très élevé, alors que les Hauts-de-Seine ou la Seine-et-Marne sont des départements à très faible taux de pauvreté.

• **À l'échelle locale**, les inégalités se voient entre quartiers urbains. Certains quartiers connaissent des taux de chômage importants, ou bien une part importante de ménages à revenus faibles (employés et ouvriers). Ces inégalités se répercutent notamment pour l'accès aux soins.

• **De nouvelles catégories sociales** sont touchées. Les classes moyennes, aux revenus moyens, sont confrontées à la hausse des prix de l'immobilier et au chômage, alors que leurs revenus ne leur permettent pas d'obtenir des aides.

2 Les politiques de solidarité

• **Les politiques de solidarité** sont menées par l'Union européenne, l'État français et les collectivités territoriales. Elles reposent sur des aides, des politiques de l'emploi, des rénovations de quartiers. Elles ont pour but de renforcer la cohésion économique et sociale des territoires.

• **L'Union européenne** aide principalement les DOM, la Corse, le Nord-Pas-de-Calais et Rhône-Alpes grâce à un rattrapage des régions en retard de développement et en soutenant la création d'emplois.

• **L'État français** met en œuvre des programmes d'aide comme la rénovation urbaine afin de changer les paysages urbains des quartiers en difficulté (destruction des barres et tours, création de nouveaux espaces verts), ou les zones franches urbaines ou l'installation d'équipements culturels.

• **Les collectivités territoriales** participent à la solidarité entre les territoires par la péréquation fiscale qui permet de mieux répartir les recettes fiscales. Mais elle ne corrige que 40 % à 54 % des inégalités.

3 L'intercommunalité : un acteur essentiel de la solidarité

- **L'intercommunalité**, c'est-à-dire le regroupement volontaire de communes, a fortement progressé en France métropolitaine et porte aujourd'hui sur près de 93 % des communes françaises et 90 % de la population.
- **Domaines d'intervention.** L'intercommunalité intervient dans le domaine de la solidarité par des actions ciblées sur l'aide sociale, sur le cadre de vie, sur la préservation de l'environnement et sur l'accès aux soins et la coordination médico-sociale.

L'intercommunalité, structure privilégiée de solidarité

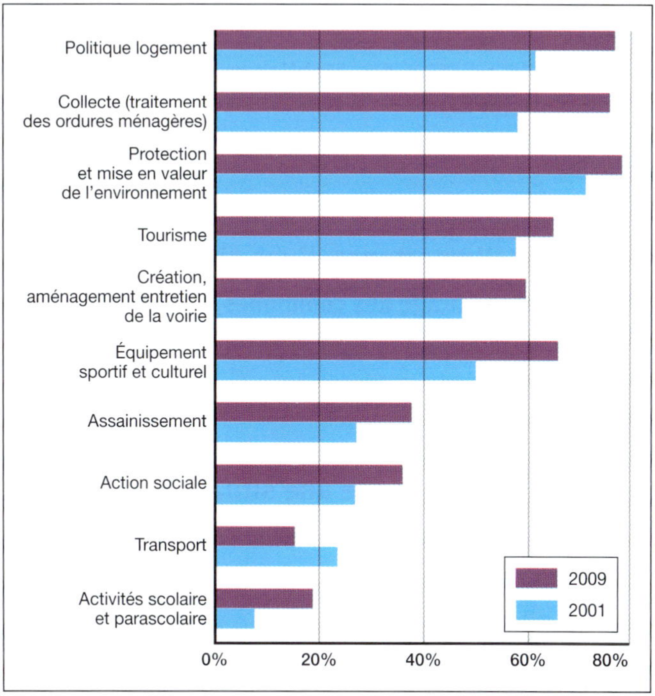

TEST - TEST - TEST - TEST - TEST - TEST

POINT BAC

SUJET D'ÉTUDE 2
Solidarité des territoires et des personnes

VÉRIFICATION DES CONNAISSANCES

1. Restituer les acteurs d'une situation géographique.

Quels sont les acteurs des politiques de solidarité en France ?

a. Les collectivités territoriales, l'État et l'Union européenne. ❑
b. Les collectivités territoriales et l'État. ❑
c. L'État et l'Union européenne. ❑

▶ 2. Indiquer les acteurs d'une situation géographique.

Indiquez les trois types d'intercommunalité qui existent en France.

a. Les Régions, les Départements, les communes. ❑
b. Les communautés d'agglomération, les communautés urbaines, les communautés de communes. ❑
c. Les communes urbaines et les communes rurales. ❑

▶ 3. Périodiser un phénomène.

De quand date la création des établissements publics de coopération intercommunale (EPCI) ?

a. 1999. ❑
b. 2009. ❑
c. 1982. ❑

▶ 4. Caractériser l'importance d'une situation géographique.

Quelle est, en pourcentage des communes, l'importance de l'intercommunalité en France ?

a. 52 % ❑
b. 87 % ❑
c. 93 % ❑

▶ 5. Situer à la bonne échelle une situation géographique.

À quelles échelles peut-on situer les inégalités sociales en France ?

a. Locale et régionale. ❑
b. À toutes les échelles. ❑
c. Nationale et régionale. ❑

SUJET DE BAC AVEC DOCUMENT

Le rôle de l'intercommunalité en France métropolitaine

La Communauté d'agglomération de Colmar et le logement

« La Communauté d'agglomération de Colmar (CAC) a adopté le 29 novembre 2004 un programme local de l'habitat afin de répondre à plusieurs enjeux d'importance dans un contexte de crise :
- atteindre un équilibre habitat-emploi ;
- mieux programmer et mieux répartir les logements à construire ;
- entretenir le parc de logements existant ;
- définir une politique d'attribution des logements sociaux ;
- répondre aux objectifs sociaux fixés par la loi Solidarité et Renouvellement Urbains (dont 20 % de logements sociaux) ;
- accompagner les projets de rénovation urbaine.

Dans ce cadre, entre 2004 et 2010, la CAC a participé au financement des programmes de logements sociaux à hauteur de 191 438 euros. Elle a, en partenariat avec le département du Haut-Rhin, accordé des aides à des projets de ménages modestes désireux d'acquérir un logement. »

Source : d'après www.agglo-colmar.fr, 2011.

▶ 1. Préparation : 20 min.

Présentez le document. Repérez la nature, la date et le thème du document. Regardez attentivement le document.
Exploitez le document. Replacez-le dans le cadre des actions menées par les établissements intercommunaux. Classez les informations (politiques conduites en matière de logement, acteurs du financement).
Construisez votre plan.

▶ 2. Présentation orale : 10 min.

Votre introduction. Présentez le document et proposez une problématique.
Votre argumentation. Mettez en évidence et expliquez les localisations et les phénomènes constatés.
Votre conclusion. Soulignez l'intérêt du document pour comprendre le rôle des établissements intercommunaux en France.

▶ 3. Questions du jury : 5 min.

a. Qu'est-ce qu'une communauté d'agglomération ?
b. Qu'est-ce qui explique l'essor de l'intercommunalité en France ?

15 36 700 communes : un attachement français

La commune est la plus petite et la plus ancienne subdivision administrative française.

1 36 700 communes : une spécificité française

• **Une entité administrative née de la Révolution française.** La commune a été créée en décembre 1789. Elle est héritée des paroisses de l'Ancien Régime. L'émiettement des découpages communaux devait permettre de contrôler les habitants et d'affirmer le pouvoir de l'État.

• **L'inégale répartition des communes en France.** Les communes sont majoritairement rurales : les 3/4 ont moins de 1 000 habitants et seuls 2,4 % d'entre elles dépassent les 10 000 habitants. Le nombre de communes est plus élevé dans le nord, le nord-est et le sud-ouest de la France.

• **L'émiettement communal.** En 2011, la France compte 36 682 communes, soit près de 40 % des communes de l'Union européenne. Malgré les tentatives de fusion, ce nombre a peu évolué, car les Français restent attachés à ce qui représente l'échelon administratif de leur quotidien.

2 Un échelon territorial et politique proche des citoyens

• **L'importance de la commune.** C'est l'échelon territorial et politique le plus proche des citoyens, qui peuvent en devenir acteurs par le biais des élections municipales, des associations locales ou des conseils de quartiers.

• **Le fonctionnement d'une commune.** La commune est gérée par des conseillers municipaux et le maire, personnage central. Le second est désigné par les premiers qui sont élus au suffrage universel direct.

• **Les compétences de la commune.** Étendues par les lois de décentralisation, elles relèvent des domaines de l'urbanisme, de l'action sociale et de l'animation et améliorent la qualité de vie des habitants. Elles gèrent aussi l'état civil.

3 Le morcellement géographique, un frein à l'action des communes

• **Les difficultés des communes.** La petite taille démographique de nombre de communes est un handicap : budget insuffisant, manque de candidats aux élections municipales. Les populations et les budgets sont trop faibles pour faire face aux besoins, imposés le plus souvent par la loi.

• **L'intercommunalité, une solution.** En 1980, les syndicats intercommunaux à vocation multiple (SIVOM) ont été créés pour permettre aux petites communes de s'unir sur des projets communs. L'intercommunalité a été renforcée par les lois de 1999 et 2004. Elle gère principalement l'aménagement du territoire, le développement économique, le logement, les ordures ménagères et tous les équipements importants (déchetterie, station d'épuration, médiathèque).

Le nombre de communes par département

L'éparpillement des communes est plus important dans certaines régions de France traditionnellement plus peuplées : le Nord, de la Normandie à la Bourgogne, et le Sud-Ouest, de l'Aquitaine à Midi-Pyrénées.

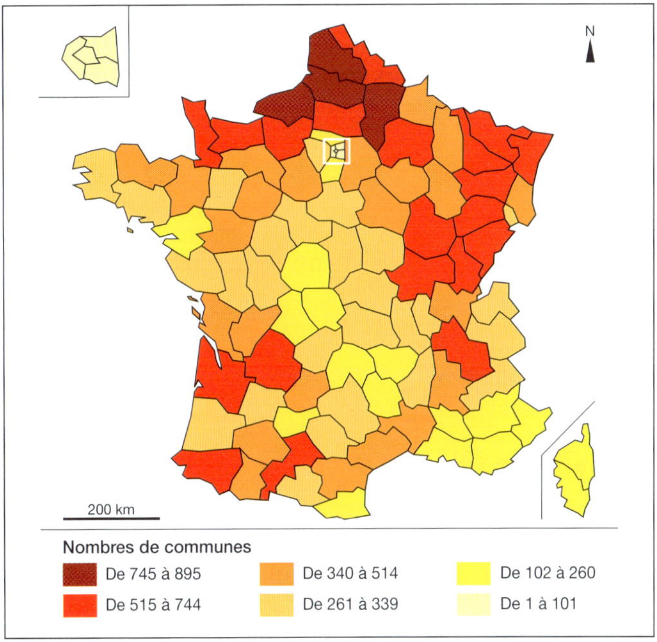

TEST - TEST - TEST - TEST - TEST - TEST

POINT BAC

SUJET D'ÉTUDE 3
36 700 communes : un attachement français

VÉRIFICATION DES CONNAISSANCES

▶ 1. Périodiser une situation géographique.

De quand date la création des communes en France ?

a. 1789 ❑ **b.** 1989 ❑ **c.** 1848 ❑

▶ 2. Connaître l'importance d'une situation géographique.

Quelle est la proportion des communes de moins de 1 000 habitants ?

a. 45 % ❑
b. 60 % ❑
c. 75 % ❑

Quelle est la proportion des communes françaises parmi les communes européennes ?

a. 10 % ❑
b. 40 % ❑
c. 60 % ❑

▶ 3. Connaître les acteurs d'une situation géographique.

Comment sont élus les conseillers municipaux ?

a. Au suffrage universel direct. ❑
b. Au suffrage universel indirect. ❑
c. Ils ne sont pas élus mais désignés par le maire. ❑

▶ 4. Connaître le rôle des acteurs.

Par quel biais les habitants peuvent-ils participer à la vie de leur commune ?

a. Les associations, les conseils de quartiers et les élections. ❑
b. Les élections et les manifestations. ❑
c. Les associations et les manifestations. ❑

▶ 5. Resituer un phénomène dans son contexte.

De quand datent les premières formes d'intercommunalité en France ?

a. 1999. ❑
b. 1789. ❑
c. 1890. ❑

SUJET DE BAC AVEC DOCUMENT

L'émiettement des communes en France

Répartition des communes selon leur population (en %)

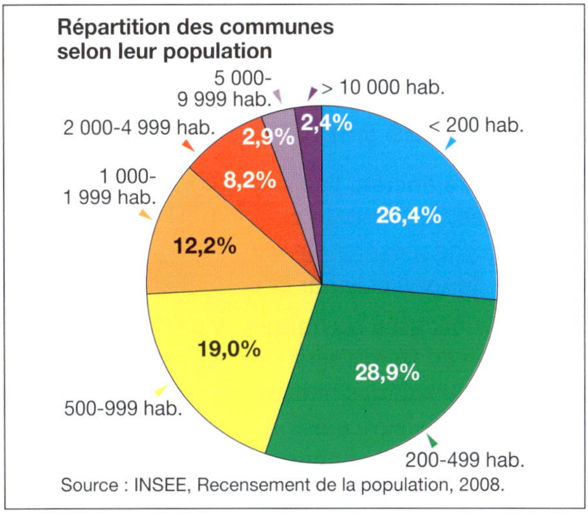

▶ 1. Préparation : 20 min.

Présentez le document. Repérez la nature, la date et le thème du document. Regardez attentivement le document.
Exploitez le document. Replacez-le dans le cadre des actions menées par les établissements intercommunaux. Classez les informations (principaux types de commune, les plus nombreuses et les moins nombreuses, importance par rapport au nombre d'habitants).
Construisez votre plan.

▶ 2. Présentation orale : 10 min.

Votre introduction. Présentez le document et proposez une problématique.
Votre argumentation. Mettez en évidence et expliquez les localisations et les phénomènes constatés.
Votre conclusion. Soulignez l'intérêt du document pour comprendre le rôle de l'échelon communal en France.

▶ 3. Questions du jury : 5 min.

a. De quand datent les communes en France ?
b. Qu'est-ce qui explique l'importance des communes dans la vie des Français ?

16 Un siècle de transformations économiques et sociales

Au XIXe et au XXe siècle, le Royaume-Uni puis le reste de l'Europe connaissent des transformations rapides et profondes de leurs systèmes économiques et de leurs organisations sociales.

1 Une agriculture plus performante

• **L'inertie d'un monde ancien.** Les communautés rurales, centrées sur les productions agricoles, forment un monde relativement clos, attaché à ses traditions et soucieux de préserver les successions familiales. Mais elles sont bousculées à partir du XIXe siècle par la diffusion des progrès techniques.

• **L'impulsion par le progrès technique.** À partir de la fin du XIXe siècle, et d'abord dans l'Europe du Nord-Ouest, les agriculteurs adoptent les premiers engrais chimiques, réalisent des remembrements pour agrandir les parcelles et adoptent des machines agricoles produites par l'industrie. Après 1945, la mécanisation (tracteur, moissonneuse-batteuse) se généralise et la production agricole européenne s'envole.

2 L'âge industriel

• **La révolution industrielle.** Impulsée dès la fin du XVIIIe siècle au Royaume-Uni avec la machine à vapeur, l'acier et le chemin de fer, la révolution industrielle atteint l'Europe de l'Ouest au milieu du XIXe siècle et ensuite le reste du continent. La source d'énergie principale de l'époque est le charbon.

• **La seconde révolution industrielle.** À partir de 1880, la mise au point du moteur à explosion, qui utilise le pétrole, mène à la mise au point de l'automobile, tandis que la maîtrise de l'électricité permet d'éclairer les villes et les foyers, de constituer des réseaux de télégraphe et de téléphone et de faire fonctionner des appareils électroménagers.

3 Une Europe de plus en plus urbaine

• **La ville attire le jeune rural.** Au début du XIXe siècle, plus des 3/4 des Européens sont des ruraux. À ce moment-là, la surpopulation relative des campagnes interdit à de nombreux jeunes d'accéder à une exploitation agricole viable. Attirés par la perspective d'un emploi industriel ou commercial, nombre de jeunes ruraux alimentent l'exode rural.

• **Des villes toujours plus grandes.** Alors qu'aucune grande ville européenne n'atteint le million d'habitants au début du XIXe siècle, on en compte plus d'une vingtaine en 1950. Accueillant un exode rural massif, les villes peinent à s'équiper et de nombreuses grandes villes européennes sont entourées de véritables taudis.

La magie de l'électricité

Publicité parue dans la revue *L'art ménager* en 1929.

17 La croissance démographique du continent européen

Au XIXe siècle et au début du XXe siècle, l'Europe connaît une croissance démographique sensible, ce qui en fait le continent le plus peuplé du monde avec un quart des humains.

1 L'amélioration de la santé des populations

• **Une médecine plus performante.** La découverte des germes microbiens conduit les médecins à stériliser leurs instruments et à veiller à la propreté des locaux hospitaliers. La découverte de vaccins permet de combattre ou de guérir des infections chroniques (Pasteur et la rage en 1885). Après 1945, la famille des médicaments antibiotiques soigne une large gamme d'infections.

• **Le développement de l'hygiène publique.** Le développement des grandes villes au XIXe siècle s'accompagne du souci de les aérer (espaces verts, rues élargies), de collecter les ordures et de constituer des réseaux d'égouts puis d'eau courante. L'ensemble de ces mesures provoque l'effondrement de la mortalité infantile européenne de 40 ‰ en 1815 à 10 ‰ en 1960.

2 Des évolutions différentes selon les pays et les conditions sociales

• **Les disparités géographiques.** La France est, dès la fin du XVIIIe siècle, le premier pays où baisse la natalité, tandis que le Royaume-Uni est le premier, au début du XIXe siècle, à connaître une diminution de la mortalité infantile.

• **Un allongement de la vie inégalement distribué.** Si l'espérance de vie à la naissance des Européens passe de 25 ans à peine en 1815 à 65 ans en 1960, on observe partout que les femmes vivent plusieurs années de plus que les hommes. On constate également que les niveaux de revenus et la nature des activités professionnelles influent sur la durée de la vie.

3 Une croissance inégale et soumise aux aléas des événements

• **Les effets des conflits mondiaux.** La guerre 1914-1918 tue 8 millions d'Européens auxquels s'ajoutent les millions de victimes de la « grippe espagnole » de l'hiver 1918-1919 et le déficit des naissances des années suivantes (les « classes creuses »). Le second conflit mondial tue plus de 40 millions d'Européens, mais les quinze années suivantes sont marquées par un phénomène de « rattrapage » des naissances (le « *baby-boom* »).

- **Un phénomène presque oublié : l'émigration européenne.** De 1840 à 1930, plus de 20 millions d'Européens émigrent. La majorité se rend aux États-Unis, mais aussi au Canada, en Australie et en Argentine. Le mouvement concerne surtout l'Europe du Nord avant 1900, puis l'Europe de l'Est et du Sud ensuite.

Les progrès de la vaccination

En 1885, Pasteur teste avec succès son vaccin contre la rage. Il devient aussitôt célèbre dans le monde entier.

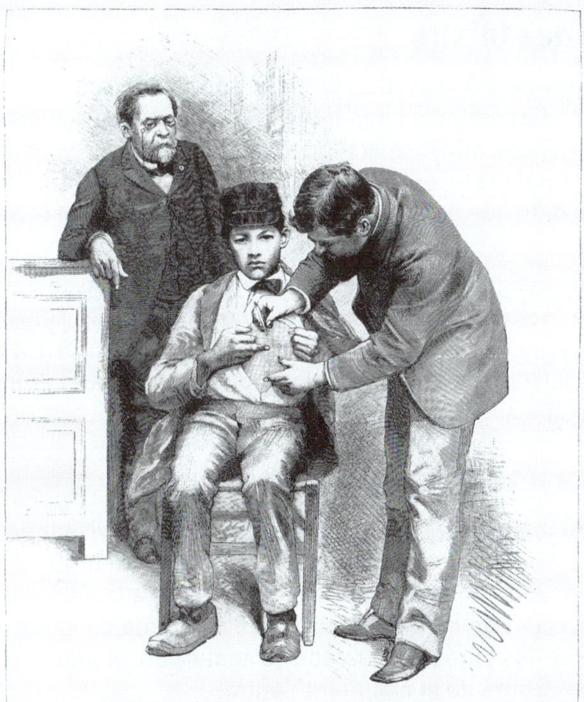

L'ILLUSTRATION

JOURNAL UNIVERSEL

PRIX DU NUMÉRO : 75 CENTIMES
Collection mensuelle : 3 fr. — Volume semestriel : 18 fr.
Les demandes d'abonnement doivent être affranchies et accompagnées d'un mandat-poste ou d'une valeur à vue sur Paris au nom du Directeur-Gérant.

43e ANNÉE. — VOL. LXXXVI. — N° 2228.
SAMEDI 7 NOVEMBRE 1885
BUREAUX : 13, RUE ST-GEORGES, PARIS

PRIX D'ABONNEMENT
PARIS & DÉPARTEMENTS : 3 mois, 9 fr. ; 6 mois, 18 fr. ; un an, 36 fr.
ÉTRANGER : Pour tous les pays faisant partie de l'Union postale : 3 mois, 11 francs ; 6 mois, 22 francs ; un an, 44 francs

LA VACCINE DE LA RAGE

INOCULATION DU VIRUS RABIQUE AU BERGER JUPILLE DANS LE LABORATOIRE DE M. PASTEUR

18 L'évolution des modes de vie

Le travail et avec lui les loisirs et la consommation sont complètement redéfinis au XIXe et au XXe siècle.

1 La redéfinition des conditions de travail

• **Le salariat et le monde industriel.** Avec le développement de l'industrie apparaissent de plus en plus de grandes concentrations de travailleurs qui vendent leur force de travail contre un salaire, tandis que la figure du travailleur indépendant, qui vit de la vente de sa production, se réduit considérablement au XXe siècle.

• **La codification du salariat.** La législation sociale, quasi inexistante au début du XIXe siècle, se développe dans les pays d'Europe à des rythmes différents. Progressivement, elle interdit le travail des enfants, limite la durée de travail (10 heures par jour en 1900 en France), impose la « semaine anglaise » (2e jour de congé par semaine) et les congés payés (2 semaines en France à partir de 1936), ou définit l'expression syndicale dans l'entreprise.

2 Le siècle des loisirs

• **Le développement du sport.** La pratique sportive se codifie et se diffuse au Royaume-Uni d'abord puis dans toute l'Europe. Certains sports sont prisés par les élites (rugby, athlétisme, tennis) tandis que d'autres sont adoptés par les milieux populaires (football, cyclisme). La construction d'équipements sportifs et la diffusion par la télévision achèvent d'installer le sport au cœur du XXe siècle.

• **L'accès au voyage de vacances.** Marginal avant 1945, le voyage devient une pratique courante après, grâce à la généralisation des congés payés, à la hausse du niveau de vie, au développement des moyens de transport et des lieux d'accueil (stations, campings). En 1960, la moitié des Européens part en vacances chaque année.

3 Vers la société de consommation

• **Le souci du logement.** Les Européens du XIXe siècle vivent dans des logements petits, sombres et mal chauffés, qui leur coûtent une grande partie de leurs revenus. Les bombardements aériens des années 1939-1945 créent une véritable pénurie de logements, et ce n'est que dans les années 1960 que la majorité des Européens accède au confort domestique moderne, avec électricité, eau courante et chauffage central.

• **Mieux manger et se distraire.** Si la famine disparaît de l'Europe au XIXe siècle, l'alimentation reste le premier budget des Européens, et des carences alimentaires existent jusqu'en 1945. Ensuite, l'alimentation devient meilleur marché et plus diversifiée, ce qui permet de consommer d'autres biens, comme l'électroménager, l'automobile, les loisirs et la culture (cinéma).

Vers « les vacances pour tous »

La revue *Regards* est éditée par la CGT. Elle présente une mesure phare du gouvernement de Front populaire de 1936 : les deux semaines de congés payés pour tous les salariés. »

19 Les transformations idéologiques et culturelles

L'Europe invente des sociétés plus laïques et plus égalitaires dans lesquelles la solidarité nationale encadre les grands risques de la vie.

1 La constitution de l'« État-providence »

• **L'encadrement du marché du travail.** Le développement du salariat entraîne une législation du travail et de l'emploi, avec par exemple la définition du salaire minimum (en France, le SMIG dès 1952, remplacé ensuite par le SMIC) et de systèmes d'assurance chômage (en France, en 1958).

• **Une protection sociale très large.** Les premiers systèmes de protection sociale sont mis en œuvre dans les années 1880 mais de manière localisée, isolée ou restrictive. Il faut attendre 1945 pour que des systèmes légaux de sécurité sociale prennent en charge, dans presque tous les pays d'Europe, la santé, la retraite et la famille.

2 Des sociétés qui s'éloignent de la religion

• **La baisse de la foi et des pratiques.** L'athéisme s'affirme en Europe au XIXe siècle et devient massif au XXe siècle. Dès le XIXe siècle, le monde ouvrier parisien pratique massivement l'union libre, tandis que les partis socialistes dénoncent la complicité des religions avec les régimes politiques et s'appuient sur les progrès des sciences pour réfuter l'existence de Dieu.

• **La laïcisation des institutions publiques.** Au début du XIXe siècle, presque tous les États d'Europe ont une religion officielle, voire obligatoire. Mais l'affirmation individuelle et la liberté de conscience supportent mal cet encadrement spirituel. Les références religieuses sont donc progressivement retirées des programmes scolaires, des hôpitaux ou des tribunaux. En France, c'est la loi de 1905 qui sépare les Églises de l'État.

3 À la recherche de l'égalité hommes-femmes

• **Formation, travail et activité politique.** À la fin du XIXe siècle, les femmes européennes accèdent enfin massivement à l'enseignement primaire puis secondaire et supérieur. Elles peuvent ainsi prétendre à des emplois qualifiés (médecin, architecte...). Le conflit mondial de 1914-1918 leur permet d'exercer des métiers et responsabilités économiques jusqu'alors masculins. Enfin, elles conquièrent le droit de vote et de candidature (dès 1906 en Finlande, en 1944 seulement en France).

• **La maîtrise du corps de la femme par elle-même.** Au début du XXe siècle, il est encore majoritairement admis que la femme est destinée à enfanter dans le cadre d'un mariage. C'est par un long combat (encore en cours dans quelques pays) que les femmes prennent la maîtrise de leur corps et du choix d'avoir un enfant. En France, la contraception chimique n'est autorisée qu'en 1967 (loi Neuwirth) tandis que l'avortement n'est légalisé qu'en 1975 par la loi Veil sur l'IVG (interruption volontaire de grossesse).

Le recul religieux du XIXe siècle

L'industrialisation provoque une déchristianisation des populations ouvrières ainsi qu'une contestation du rôle d'encadrement moral des Églises.

Image murale de la fin du XIXe siècle.

TEST - TEST - TEST - TEST - TEST - TEST

POINT BAC

QUESTION OBLIGATOIRE

Vivre et mourir en Europe du milieu du XIXᵉ siècle aux années 1960

VÉRIFICATION DES CONNAISSANCES

1. Caractériser une période.

Lesquelles de ces inventions correspondent à l'âge industriel ?

a. L'acier ❑
b. Le chemin de fer ❑
c. L'ordinateur ❑
d. Le moteur à explosion ❑

2. Citer des acteurs.

Lesquels de ces acteurs ont contribué à la diffusion de la contraception et à la dépénalisation de l'avortement en France dans les années 1960-1970 ?

a. Michel Debré ❑
b. Simone Veil ❑
c. Lucien Neuwirth ❑
d. Jacques Chaban-Delmas ❑

3. Choisir les dates clés d'une évolution.

En quelle année chacune de ces législations sociales est-elle votée en France ?

a. Les congés payés	**1.** 1884
b. Le journée de 8 heures	**2.** 1936
c. L'interdiction du travail des enfants	**3.** 1919
d. La légalisation des syndicats	**4.** 1841

4. Choisir une définition pour une notion.

Que désigne l'expression « société de consommation » ?

a. La « société de consommation » est une entreprise privée qui fait des bénéfices en fonction de la vente de sa production. ❑
b. Il s'agit d'un type de société dans lequel le plus grand nombre accède au plus grand nombre de produits. ❑
c. Il s'agit d'un type de société qui produit un maximum pour l'exportation. ❑

SUJET DE BAC SANS DOCUMENT

« L'âge industriel en Europe, 1850-1960 »

▶ 1. Préparation : 20 min.

Définissez et délimitez le sujet. L'intitulé du sujet invite à montrer l'impact des évolutions de la technique et de la production sur les sociétés et sur les modes de vie en Europe.

Identifiez la problématique du sujet. En quoi le progrès technique transforme-t-il la vie des Européens ?

Bâtissez votre plan et mobilisez vos connaissances.

▶ 2. Présentation orale : 10 min.

Votre introduction présente la définition du sujet et la problématique.

Votre argumentation met en avant quelques évolutions majeures (machine à vapeur, acier, moteur à explosion, électricité, transports...) et montre leur diffusion dans la vie quotidienne des Européens à la fois comme producteurs (grandes usines, grandes villes, travail salarié, travail parcellisé) et comme consommateurs (éclairage, chauffage, équipements divers...) du progrès industriel.

Votre conclusion montre que l'âge industriel est une évolution majeure des sociétés européennes (urbanisation, production de masse, améliorations matérielles diverses) mais qu'il a aussi permis le pire (équipements militaires des deux guerres mondiales) et que l'âge industriel n'a pas apporté à tous l'abondance.

▶ 3. Questions du jury : 5 min.

a. Où et quand apparaissent les machines à vapeur ?
b. Comment les progrès industriels influencent-ils l'agriculture ?

20 Vivre et mourir pendant la Première Guerre mondiale

1 La guerre au front

• **L'apparition de nouvelles armes.** Le conflit place le combattant face à un armement tellement puissant qu'il est réduit à l'impuissance et se perçoit comme de la « chair à canon ». C'est surtout l'artillerie qui immobilise les troupes de chaque camp, mais les avions, les chars et les gaz apparaissent et se développent à l'occasion de ce conflit.

• **L'épreuve de la guerre de position.** Pendant presque quatre années, la majorité des combattants de tous les fronts (France, Italie, Russie) subit la puissance de l'armement en restant cachée dans des tranchées creusées pour l'occasion. Des hivers rigoureux, la boue, la présence des cadavres en décomposition affectent le moral, et 1917 voit des mutineries éclater un peu partout, jusqu'à l'immense désertion qui affecte les troupes russes à partir de l'été 1917.

2 La guerre à l'arrière

• **La société mobilisée.** Tandis que les hommes jeunes combattent sous l'uniforme, leurs compagnes contribuent à la production de guerre en assurant les productions agricoles et en travaillant en usines à produire uniformes, armements et munitions. On les appelle à cette époque les « munitionnettes ».

• **La société encadrée.** Les gouvernements européens s'assurent du contrôle de l'information, à la fois contre l'espionnage et surtout pour maintenir le moral des populations. La censure de la presse écrite et de la radio se double ainsi de campagnes de propagande par voix d'affiches et autres.

3 L'empreinte de la guerre

• **Un bilan humain inédit.** Les quatre années de guerre font près de 10 millions de morts directes. Il convient d'ajouter plusieurs millions de victimes, affaiblies par des années de carences alimentaires, de la grippe espagnole lors de l'hiver 1918-1919, et plusieurs millions d'invalides de guerre, estropiés et « gueules cassées », incapables de retourner à la vie civile. Des millions de femmes restent ainsi « vieilles filles » et la natalité européenne s'effondre.

• **Le sentiment d'un immense gâchis.** En plus des dégâts humains, la guerre laisse des paysages complètement détruits. Partout se dressent des monuments aux morts de la guerre, et le pacifisme de beaucoup d'anciens combattants se double d'un lourd ressentiment contre les « profiteurs » qui se sont enrichis durant la guerre.

Affiche éditée par la République française en 1915.

POINT BAC

SUJET D'ÉTUDE 1
Vivre et mourir pendant la Première Guerre mondiale

VÉRIFICATION DES CONNAISSANCES

1. Caractériser un événement.

Qu'est-ce qui distingue la Première Guerre mondiale des conflits précédents ?

a. C'est une guerre nucléaire. ❑
b. C'est une guerre de cavalerie. ❑
c. C'est une guerre d'artillerie. ❑
d. C'est une guerre de mercenaires. ❑

2. Citer des acteurs.

Quels sont les principaux alliés de la France ?

a. Le Royaume-Uni ❑
b. L'Allemagne ❑
c. Le Brésil ❑
d. L'Empire ottoman ❑

3. Choisir une définition pour une notion.

Qu'appelle-t-on la « guerre de position » ?

a. Il s'agit de la guerre de tranchées durant laquelle les armées ne bougent quasiment pas. ❑
b. Il s'agit d'une guerre très mouvante dans laquelle les armées cherchent à prendre des positions. ❑
c. Il s'agit d'une guerre de propagande dans laquelle les armées prennent des postures symboliques. ❑

4. Justifier une affirmation en argumentant.

Pourquoi parle-t-on de « guerre totale » au sujet de la guerre de 1914-1918 ?

SUJET DE BAC AVEC DOCUMENTS

Doc 1 : « Bourrage de crâne » et réalité du front

L'Intransigeant *est un journal d'extrême-droite, nationaliste, belliqueux et revanchard après la défaite de 1870 et la perte de l'Alsace-Moselle.*

Nos soldats ont pris l'habitude des balles allemandes et des *shrapnells* (obus remplis de mitraille). Les *shrapnells*, en effet, éclatent mollement en l'air et tombent en pluie de fer inoffensive, ou s'enfoncent dans la terre sans éclater. Quant aux blessures causées par les balles, elles ne sont pas dangereuses : les balles traversent les chairs de part et d'autres sans les déchirer, de sorte que les grands trains de blessés sont remplis de jeunes atteints par des balles, mais qui pourtant rient avec une réconfortante bonne humeur.

L'Intransigeant, 17 août 1914.

Doc 2 : L'enfer du front

À l'ouest rien de nouveau *est le plus célèbre des livres pacifistes de l'après 1914-1918. Erich Maria Remarque, ancien combattant allemand de la Grande Guerre, est devenu une célébrité mondiale, mais il a dû fuir le nazisme dès 1933.*

Nous voyons des gens à qui le crâne a été enlevé continuer de vivre ; nous voyons courir des soldats dont les deux pieds ont été fauchés ; sur leurs moignons éclatés, ils se traînent en trébuchant jusqu'au prochain trou d'obus ; un soldat de première classe rampe sur ses mains pendant deux kilomètres en traînant derrière lui ses genoux brisés ; un autre se rend au poste de secours tandis que ses entrailles coulent par-dessus ses mains qui les retiennent ; nous voyons des gens sans bouche, sans mâchoire inférieure, sans figure ; nous rencontrons quelqu'un qui, pendant deux heures, tient serrée avec les dents l'artère de son bras, pour ne point perdre tout son sang. Le soleil se lève, la nuit arrive, les obus sifflent ; pour chaque mètre il y a un mort.

Erich Maria Remarque, *À l'ouest rien de nouveau*, 1958,
Stock, 1956 pour la traduction française.

1. Préparation : 20 min.

Présentez le document. Repérez la nature, la date et le thème de chacun des deux textes.
Exploitez le document. Distinguez les époques et les auteurs de ces deux textes. Montrez comment ils présentent le front et quels arguments spectaculaires ils mettent en avant.
Construisez votre plan.

2. Présentation orale : 10 min.

Votre introduction. Présentez les deux textes et proposez une problématique.
Votre argumentation. Mettez en évidence le profond désaccord entre les deux auteurs.
Votre conclusion. Soulignez l'intérêt de la comparaison pour comprendre les effets de propagande et le sentiment du « bourrage de crâne » ressenti par les acteurs de la Grande Guerre.

3. Questions du jury : 5 min.

a. Dans quels domaines la censure s'exerçait-elle en 1914-1918 ?
b. Comment se déroule la guerre à l'arrière ?

21 La pénicilline : du laboratoire à la société, naissance d'un médicament

1 La pénicilline ou la découverte du principe antibiotique

• **Les connaissances médicales dans les années 1920.** Depuis Pasteur, la médecine connaît la nécessité de stériliser les environnements. Elle utilise donc des produits antiseptiques pour nettoyer les locaux médicaux et les pouvoirs publics font de même dans les rues et avec l'eau courante.

• **La part du hasard.** En 1929, Fleming travaille sur les staphylocoques. Une fausse manipulation met un champignon (la pénicilline) en contact avec la bactérie, et Fleming constate alors que celle-ci ne se développe plus.

2 La thérapie de temps de guerre et la gloire de la pénicilline

• **Développer un traitement.** Si Fleming néglige sa découverte, une équipe conduite par Florey et Chain poursuit les observations (sélection des meilleures souches, méthode de culture de la pénicilline) et réussit à convaincre le gouvernement américain que ce traitement peut sauver des centaines des milliers de soldats blessés.

• **La production industrielle.** La production de masse de la pénicilline est donc décidée en secret en 1942 aux États-Unis. À partir de 1943, la pénicilline est utilisée sur les fronts pacifique et européen, puis, après guerre, elle devient accessible aux autorités sanitaires des autres pays. Capable de soigner une grande partie des infections connues, dont certaines sont mortelles, elle fait figure de « médicament miracle ».

3 De la pénicilline aux antibiotiques

• **Une nouvelle conception des soins.** La pénicilline est le premier médicament dit « antibiotique » : il s'agit d'utiliser des propriétés de substance du vivant (ici un champignon) capable d'agir au sein de notre organisme contre des agents pathogènes. Aujourd'hui, la médecine utilise environ 50 antibiotiques naturels et 150 antibiotiques de synthèse.

• **Vertus et limites des antibiotiques.** On estime qu'avec l'utilisation des antibiotiques contre des infections telles que la tuberculose, la syphilis, les méningites ou la pneumonie, l'humanité a gagné environ dix ans d'espérance de vie. Mais, à mesure que les antibiotiques sont utilisés, des souches bactériennes dites « résistantes » apparaissent et obligent à chercher d'autres traitements. De fait, les budgets de recherche-développement ont donné naissance à une industrie pharmaceutique très puissante et qui pèse sur les politiques de santé publique.

Gloire à Fleming et à la pénicilline

Vitrail de l'église Saint-James à Paddington (Londres). Le vitrail représente la scène de la « révélation » des vertus antibiotiques de la pénicilline. Fleming découvrant le « médicament miracle » est représenté comme un Saint bienfaiteur de l'humanité.

POINT BAC

SUJET D'ÉTUDE 2
La pénicilline : du laboratoire à la société, naissance d'un médicament

VÉRIFICATION DES CONNAISSANCES

1. Caractériser un événement.

En quelle année la pénicilline est-elle découverte ?

a. 1914 ❑ **b.** 1928 ❑ **c.** 1939 ❑ **d.** 1950 ❑

2. Citer des acteurs.

Comment s'appelle le découvreur de la pénicilline ?

a. Alexander Fleming ❑ **c.** Sigmund Freud ❑
b. Albert Einstein ❑ **d.** Marie Curie ❑

3. Choisir les dates clés d'une évolution.

Quel événement historique a permis le développement industriel de la pénicilline ?

a. Le Première Guerre mondiale ❑ **c.** La Seconde Guerre mondiale ❑
b. La grande dépression de 1929 ❑ **d.** La guerre froide ❑

4. Choisir une définition pour une notion.

Quelle nouvelle famille de médicaments est apparue avec la pénicilline ?

a. Les antiseptiques ❑ **c.** Les neuroleptiques ❑
b. Les antibiotiques ❑ **d.** Les analgésiques ❑

SUJET DE BAC AVEC DOCUMENT

« La pénicilline, un atout de guerre au service des Alliés »

1. Préparation : 20 min.

Présentez le document. Repérez la nature, la date et le thème du document. Les slogans en anglais ne doivent pas vous inquiéter, ils sont traduits.
Exploitez le document. Il s'agit de montrer que le sentiment patriotique est mobilisé par un producteur industriel de médicaments qui met en avant les avantages de ses productions pour les soldats blessés au front. Il faut ensuite mettre en avant les avantages effectifs de ce médicament par rapport aux autres traitements.
Construisez votre plan.

La pénicilline, remède miracle de l'armée américaine en 1944.
Publicité parue dans *Life* le 14 août 1944.

▶ 2. Présentation orale : 10 min.

Votre introduction. Présentez le document et proposez une problématique.
Votre argumentation. Mettez en évidence que l'armée américaine est avantagée par rapport aux autres d'avoir ce traitement. Montrez en retour l'effet de propagande que ce médicament peut avoir sur les populations civiles qui entrent en contact avec l'armée américaine.
Votre conclusion. Soulignez l'intérêt du document pour comprendre l'impact des questions sanitaires sur la guerre et l'importance des conflits dans le développement des techniques, y compris médicales.

▶ 3. Questions du jury : 5 min.

a. Depuis quand la pénicilline a-t-elle été découverte ?
b. Quels types de maladies sont soignés par la pénicilline et les autres antibiotiques ?

22 La mode (création, production, usages) : un sujet d'histoire

1 La mode, une création sans cesse renouvelée

• **Aux origines d'un secteur économique.** Au XIXe siècle, le textile « sur mesure » est dépendant de commandes issues de l'aristocratie et de la grande bourgeoisie. C'est au tournant des XIXe et XXe siècles que les maisons de couture commencent à organiser des défilés pour s'ouvrir à des clientèles nouvelles. De cette manière, les créateurs s'émancipent de commandes particulières souvent trop conformistes.

• **La mode pour tous ?** Après 1945, la mode, jusqu'alors consacrée essentiellement aux femmes, s'adresse aux hommes, aux enfants, et aux vêtements spécialisés (sport, activités estivales et hivernales). Si les collections sont inaccessibles au plus grand nombre, elles ont des effets d'entraînement (par imitation) sur le secteur du « prêt-à-porter ».

2 La mode, une industrie diversifiée

• **Des acteurs très différents.** Le secteur de la mode rassemble des groupes de taille mondiale comme des artisans hyperspécialisés, qui sont souvent des entreprises familiales au savoir-faire transmis depuis plusieurs générations. Même si le secteur est touché, comme d'autres, par des délocalisations vers des pays à main-d'œuvre bon marché, quelques villes mondiales (Paris, Londres, Milan, New York) restent les capitales de la mode.

• **Un secteur très concurrentiel.** La mode touche le vêtement, la chaussure, la maroquinerie, la bijouterie ou la parfumerie. La forte concurrence pousse les acteurs à innover sans cesse pour conserver leurs parts de marché et conquérir les nouvelles élites mondialisées des pays émergents. Enfin, le prêt-à-porter se diffuse partout grâce à la diversité des modes de distribution, des grandes surfaces à la VPC (vente par correspondance) en passant par les indépendants et les magasins spécialisés.

3 La mode, un reflet de l'émancipation féminine ?

• **Les tendances de la mode et la place de la femme dans la société.** Avant 1914, le corsage, qui contraint le corps féminin, est la norme. Le tailleur « Chanel » de l'entre-deux-guerres habille les premières femmes qui accèdent aux postes à responsabilités. Dans les années 1960, le décolleté, la minijupe et le bikini accompagnent l'affirmation de la femme dans la société, tandis que nombre de tendances actuelles comme le jean mettent en avant un modèle « unisexe ».

• **La mode, promoteur de la « femme-objet » ?** Les « top-modèles » de la mode imposent un modèle de femme sophistiquée et efficace. Même si certaines peuvent être très riches, les modes de vie auxquels ces mannequins se soumettent font débat (apologie de l'anorexie ?). Dans le même temps, la plupart des créateurs sont pratiquement tous des hommes.

La mode, un atout pour l'économie française

Secteurs	Entreprises et rang mondial
Assurances	Axa (n° 1)
BTP	Vinci (n° 1) – Bouygues (n° 2)
Cosmétique	**L'Oréal (n° 1)**
Distribution et gestion de l'eau	Veolia Environnement (n° 1) – Suez (n° 2)
Grande distribution	Carrefour (n° 2)
Luxe	**LVMH (n° 1)**
Matériaux de construction	Saint-Gobain (n° 1) – Lafarge (n° 2)
Nucléaire	Areva (n° 1)
Pharmacie	Sanofi-Aventis (n° 3)
Pneumatiques	Michelin (n° 1)
Produits laitiers frais	Danone (n° 1)
Restauration collective	Sodexo (n° 1)
Transport aérien	Air France-KLM (n° 1)

TEST - TEST - TEST - TEST - TEST - TEST

POINT BAC

SUJET D'ÉTUDE 3
La mode (création, production, usages) : un sujet d'histoire

VÉRIFICATION DES CONNAISSANCES

1. Choisir une définition pour une notion.

Comment peut-on définir la mode ?

a. La mode est une tendance générale décidée par le gouvernement. ❑
b. La mode est une tendance générale qui s'exprime dans différents domaines de la création. ❑
c. La mode est l'ensemble des traditions vestimentaires et décoratives d'une société. ❑

2. Citer des acteurs.

Où travaillent les principaux créateurs de la mode ?

a. Dans les enseignes de la grande distribution. ❑
b. Dans la presse spécialisée. ❑
c. Dans les ateliers de sous-traitance dispersés dans les pays du monde entier. ❑
d. Dans quelques grandes villes d'importance mondiale. ❑

3. Choisir les dates clés d'une évolution.

Donner la date d'apparition de ces différents vêtements féminins :

a. Le tailleur	**1.** Les années 1960
b. Le corset	**2.** Le XIXe siècle
c. Le jean	**3.** Les années 1920
d. La minijupe	**4.** Les années 1950

SUJET DE BAC AVEC DOCUMENTS

La mode du XXe siècle au fil de l'émancipation féminine

1. Préparation : 20 min.

Présentez les documents. Repérez la nature, la date et le thème des deux images.

Exploitez les documents. Utilisez les contrastes forts entre les deux documents : espace domestique/rue, cheveux longs noués/cheveux « à la garçonne », air grave/attitude souriante pour montrer l'évolution de

La mode féminine dans la publicité

b. Publicité pour les collants Dim en 1980.

a. Publicité parue dans la presse quotidienne vers 1890.

l'image de la féminité. Montrez cependant que les producteurs des images étant des publicitaires, l'image donnée de la femme n'est pas forcément la réalité de toutes les femmes de leurs époques.
Construisez votre plan.

2. Présentation orale : 10 min.

Votre introduction. Présentez les documents et proposez une problématique.
Votre argumentation. Mettez en évidence les évolutions de la condition féminine et l'influence de ces évolutions dans la mode. Montrez que la mode ne dit pas tout de la situation de la femme.
Votre conclusion. Soulignez l'intérêt et les limites des documents pour connaître la réalité de la situation de la femme dans une société.

3. Questions du jury : 5 min.

a. Quelle est la différence entre la haute couture et le prêt-à-porter ?
b. À part le vêtement, quelles sont les autres productions soumises aux aléas de la mode ?

23 Des échanges planétaires croissants

La planète est traversée par des flux massifs d'hommes, de marchandises, de capitaux, d'informations, en constant accroissement.

1 L'explosion des échanges

• **L'interdépendance planétaire des économies.** Depuis le XVIe siècle, avec les grandes découvertes puis l'industrialisation et la mondialisation, les échanges de biens, de services, de capitaux se développent. Les flux s'intensifient entre l'Europe, l'Amérique du Nord et l'Asie-Pacifique. L'intégration de pays émergents (Chine, Dragons d'Asie) s'accélère.

• **Le commerce mondial, moteur de la croissance.** Les échanges commerciaux en 2008 représentent 15 000 milliards de dollars, soit un quart du PIB mondial. Cette importance s'explique par l'insertion de nouvelles économies (Chine, Inde, Dragons, Tigres, Brésil, Argentine, Russie).

2 La mondialisaton du commerce et de la finance

• **La domination des échanges de produits industriels.** Les produits industriels constituent le cœur des échanges mondiaux, certains étant même stratégiques comme les hydrocarbures. Les matières premières sont très échangées, notamment agricoles (blé, café, soja). Les services (transports, tourisme, assurances, culture) constituent un quart des échanges.

• **Le temps de la globalisation financière.** Le marché de l'argent s'organise grâce à Internet à l'échelle mondiale, avec quelques grandes Bourses situées sur tous les continents. Les capitaux servent à la spéculation financière et à des investissements directs à l'étranger qui soutiennent la croissance. Mais tous les territoires n'attirent pas, notamment ceux en conflit.

3 Des hommes de plus en plus mobiles

• **L'organisation du système migratoire international.** Les contrastes de développement nourrissent les flux des pays du Sud vers les pays du Nord et les pays pétroliers du golfe Persique. On compte près de 215 millions de migrants internationaux, soit 3 % de la population mondiale, originaires aux 3/4 des pays du Sud.

• **L'explosion des flux touristiques.** On dénombre 900 millions de touristes internationaux par an, et le flux continue de croître en raison des progrès des transports, de la hausse du niveau de vie, de l'allongement du temps libre et de l'arrivée de nouveaux touristes (asiatiques et sud-américains). Mais les pays émetteurs restent majoritairement les pays développés. Quant aux grands bassins mondiaux de destination, ils se localisent en Europe, autour de la Méditerranée, dans les Caraïbes et en Asie-Pacifique.

L'organisation des échanges internationaux

Les échanges se polarisent sur les pays de la Triade : l'Europe, l'Amérique du Nord et l'Asie orientale.

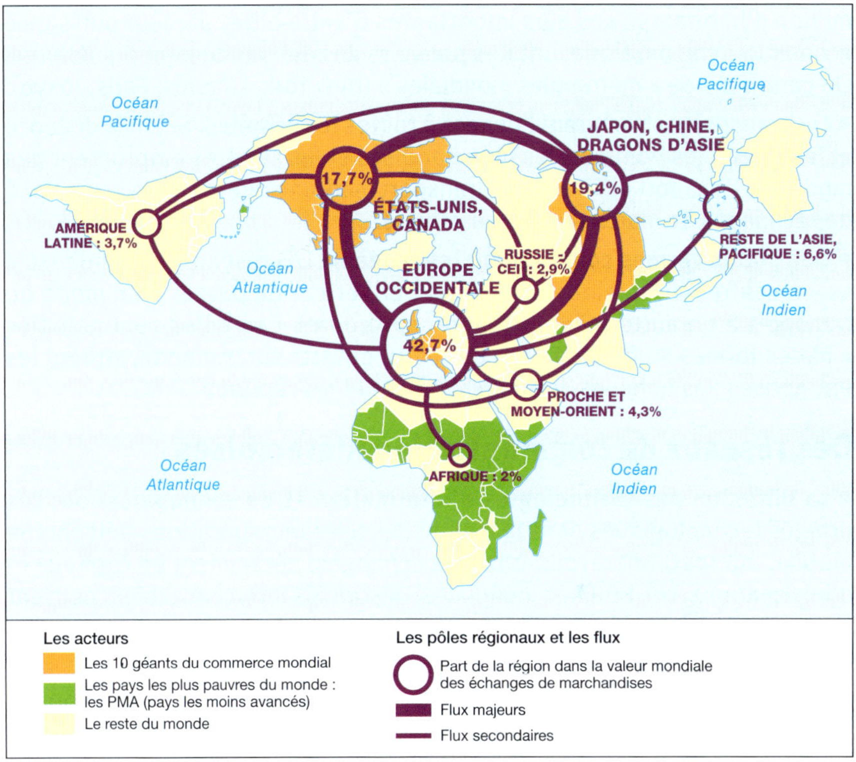

24 Des métropoles et de puissants réseaux structurent l'espace mondial

Les métropoles dominent l'espace mondial, tandis que les réseaux de transport et de communication, considérablement développés, le structurent.

1 Une mise en réseau du monde plus efficace

• **Les métropoles commandent l'espace mondial.** La population mondiale est majoritairement urbaine et vit surtout dans de très grandes villes (plus d'un million d'habitants). Les plus importantes d'entre elles, par leur puissance économique ou politique, ont des pouvoirs de commandement planétaires. On parle alors de « métropoles mondiales » (New York, Londres, Paris, Tokyo).

• **Les transports structurent l'espace à toutes les échelles.** Selon la distance et le budget, les hommes, les marchandises et les services empruntent des modes de transport différents. Le transport maritime représente plus de 80 % des échanges de marchandises en volume.

• **Des plates-formes coordonnent les réseaux.** Les réseaux ont tendance à se concentrer sur quelques pôles qui permettent de passer d'un mode de transport à un autre (aéroport, gare, autoroute). Ces pôles sont nommés « plates-formes multimodales ». Ces lieux, ouverts sur le monde, attirent les entreprises, les hommes, les marchandises et les capitaux.

2 Des réseaux de communication hiérarchisés

• **La diffusion des technologies d'information et de communication.** Les progrès technologiques dans le monde des télécommunications (téléphonie mobile, Internet) ont révolutionné les échanges, notamment de capitaux et d'informations. Les Bourses mondiales, désormais interconnectées, peuvent alors fonctionner en continu.

• **Le cœur des réseaux mondiaux de communication.** L'Europe, l'Amérique du Nord et l'Asie orientale possèdent des réseaux denses et des plates-formes multimodales internationales. La Triade polarise ainsi les principaux flux avec près de 80 % des échanges mondiaux de marchandises et les 3/4 des échanges de services. Au sein de ces réseaux, les États-Unis possèdent les principaux réseaux d'information.

• **Des espaces en marge.** Les zones productrices de matières premières et de sources d'énergie comme le Moyen-Orient sont aussi parcourues d'intenses flux. Cependant, certaines régions de la planète n'ont que des réseaux très lâches et sont mal desservies, elles restent peu touchées par la mondialisation.

Les métropoles mondiales

Les métropoles s'affirment comme des lieux de commandement à l'échelle mondiale. New York, Tokyo, Londres et Paris dominent nettement leur hiérarchie.

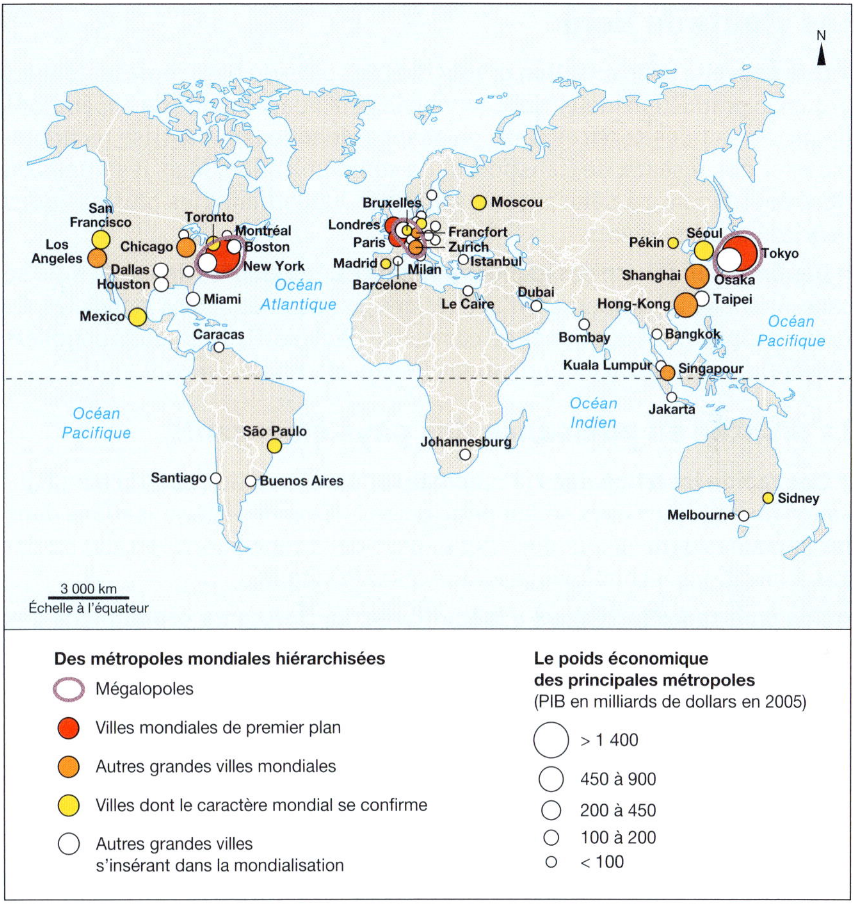

25 Des espaces productifs différenciés

La mondialisation provoque une redistribution des tâches économiques à l'échelle mondiale, réorganisant la division internationale du travail.

1 Les atouts du Nord

• **Une nouvelle spécialisation productive.** Les pays du Nord représentent les 3/4 de la production industrielle mondiale et la quasi-totalité des opérations financières et des services. Leur puissance vient de leur maîtrise technologique et des réseaux de transport et de communication. Mais les firmes du Nord ont tendance à délocaliser les activités industrielles les plus basiques vers les pays émergents.

• **Des firmes au service des grandes puissances.** Les grandes firmes du Nord se concentrent dans les quartiers d'affaires des grandes métropoles mondiales. Ce sont principalement des firmes de commerce (Wal-Mart), de produits pétroliers (Royal-Dutch-Shell) ou d'informatique (Microsoft, Apple, Google).

2 La montée en puissance des pays émergents

• **Une rapide insertion dans la mondialisation.** L'insertion dans la mondialisation de nouveaux pays se fait principalement par des spécialisations dans les domaines agricole ou touristique (pays de la zone intertropicale) ou par des innovations technologiques (Inde, Asie-Pacifique).

• **Une croissance forte mais déséquilibrée.** La croissance économique des nouveaux pays mondialisés et industrialisés est très forte. Elle permet des améliorations dans les domaines de l'éducation, du développement, de la recherche, mais elle se fait au prix de l'accroissement des inégalités sociales et territoriales, et d'une dégradation de l'environnement.

3 La fragilité des autres pays du Sud

• **Des ressources naturelles pour se développer.** Les pays d'Afrique subsaharienne, du Moyen-Orient et des Andes se sont spécialisés dans la production et l'exportation de matières premières énergétiques (hydrocarbures), minières (cuivre, diamants, or, etc.) ou agricoles. Ces produits sont exportés vers le Nord.

• **Une forte sensibilité à l'évolution des cours mondiaux.** Les prix des matières premières sont soumis à de fortes variations sur les marchés mondiaux. Cela perturbe les économies et les sociétés des pays exportateurs, entraînant de graves crises sociales dans les pays concernés.

La répartition de l'emploi par secteur d'activité dans le monde (2006)

La répartition des secteurs d'activité est très inégale selon les régions du monde. L'agriculture domine encore en Asie et en Afrique, tandis que les autres régions du monde se tertiarisent.

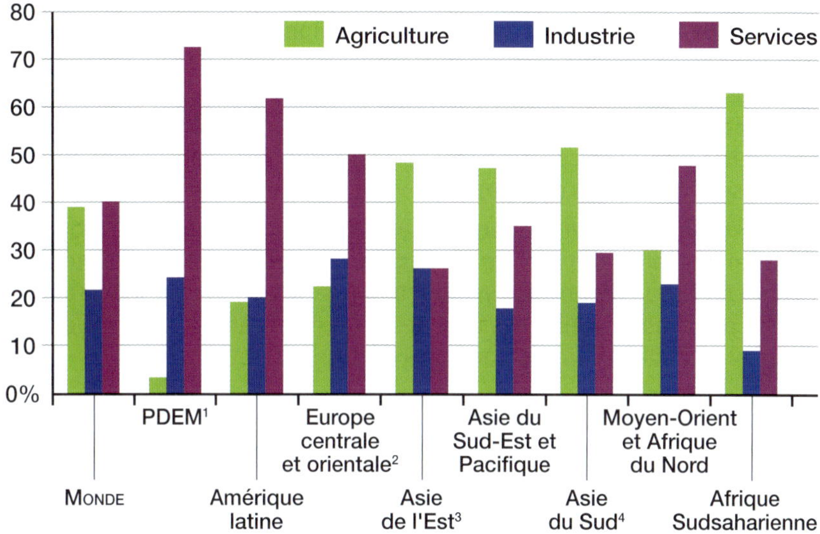

1. Pays développés (Amérique du Nord, Europe occidentale, Japon, Corée du Nord)
2. (dont Russie)
3. (dont Chine)
4. (dont Inde)

26 Les acteurs multiples au cœur de la mondialisation

Le marché mondial est dominé par des firmes transnationales ou des institutions, mais les États continuent de jouer un rôle régulateur.

1 Des firmes transnationales ancrées entre le local et le global

• **Des firmes au sommet du système productif mondial.** Les firmes transnationales (FTN) investissent et produisent à l'étranger. Elles recherchent une main-d'œuvre bon marché et des débouchés propices. On en compte environ 70 000, appuyées sur 700 000 filiales. Elles réalisent le tiers de la production et un tiers du commerce mondial. Les FTN signent des accords mutuels et s'organisent désormais en réseaux.

• **Des territoires en compétition.** Les fonctions de conception, de production et de commercialisation sont de plus en plus dissociées à l'échelle mondiale. Les pays du Nord gardent la primauté pour la conception et la valeur ajoutée, en dépit de la montée en puissance des pays émergents (Chine, Inde), de la concurrence et de la compétition entre les territoires.

2 Des organisations au service de la mondialisation

• **Les institutions internationales.** Nées au lendemain de la Seconde Guerre mondiale, elles se développent grâce à la libéralisation des échanges. Il s'agit, par exemple, de l'Organisation de coopération et de développement économiques (OCDE), de l'Organisation mondiale du commerce (OMC), du Fonds monétaire international (FMI). L'ONU préserve la paix et aide au développement.

• **La promotion des accords préférentiels et des échanges régionalisés.** Les organisations régionales favorisent l'interaction des économies des États membres. L'UE a ainsi élaboré une politique économique et une monnaie communes ; l'ALENA (États-Unis, Canada, Mexique) est une zone de libre-échange. Ces organisations représentent 40 % des échanges mondiaux.

3 Le nouveau rôle des États

• **Des limites imposées par la mondialisation.** Les États ne contrôlent pas les FTN qui ignorent les frontières. Mais ils s'efforcent de les attirer en créant un climat favorable aux investissements. Par ailleurs, les États signent des traités bilatéraux (entre deux États) qui encadrent près de 40 % des échanges mondiaux.

• **Un rôle de coordination et de régulation.** Si les États interviennent moins dans le domaine économique, ils demeurent indispensables pour assurer la paix sociale et protéger les intérêts du pays.

La puissance des firmes transnationales

Les firmes transnationales, avec leurs réseaux de filiales, dominent l'économie mondiale. Certaines ont des chiffres d'affaires dépassant celui de bon nombre d'États.

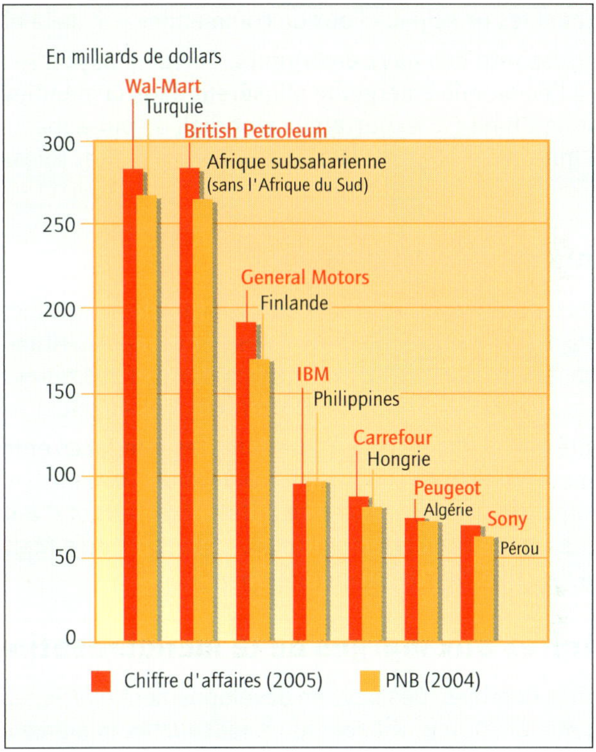

27 La mondialisation renouvelle la hiérarchie des territoires

La mondialisation fait émerger des espaces spécifiques et contribue à la hiérarchisation des territoires.

1 Les pôles majeurs de la mondialisation

• **La place centrale des métropoles des pays développés.** Les métropoles de l'Union européenne, de l'Amérique du Nord et du Japon attirent et organisent les intenses flux de marchandises, d'hommes, de services et de capitaux. Elles constituent les principaux lieux de commandement de la planète.

• **La place croissante des pays émergents.** Certains pays d'Asie et d'Amérique latine à l'économie émergente s'insèrent dans la mondialisation. Des États comme la Chine (1er exportateur mondial, 2e puissance économique mondiale), l'Inde, le Brésil ou le Mexique ont des taux de croissance spectaculaires.

2 Le dynamisme des interfaces

• **Les littoraux et l'ouverture océanique.** Les façades maritimes de l'Atlantique et du Pacifique bénéficient de l'intensité du trafic maritime. Des terminaux aux gigantesques plates-formes multimodales et des zones industrielles animent les grands ports (Shanghai, Rotterdam, Los Angeles).

• **L'attractivité des espaces transfrontaliers.** Les interfaces entre États sont particulièrement dynamiques lorsque les potentiels (hommes, matières premières, technologies, industries) se complètent de part et d'autre des frontières. C'est le cas de la frontière entre les États-Unis et le Mexique ou des frontières de l'espace de l'Union européenne.

3 Les territoires aux marges de la mondialisation

• **Les territoires dominés.** Des pays en développement d'Afrique, d'Amérique latine ou du Moyen-Orient utilisent leurs ressources minières ou agricoles pour approvisionner le Nord et les pays émergents. Mais ils sont dépendants des fluctuations des cours mondiaux des produits, dont les prix sont fixés dans les Bourses du Nord.

• **Les espaces exclus.** Des régions sont à l'écart de la mondialisation. Ce sont souvent des zones d'insécurité (guerres, espaces contrôlés par des trafiquants), comme en Afrique centrale ou en Afghanistan, ou des pays soumis à la dictature (Birmanie, Corée du Nord par exemple).

L'ouverture océanique

L'importance des échanges maritimes rend dynamiques certaines façades littorales. La mer est un des enjeux essentiels de la mondialisation.

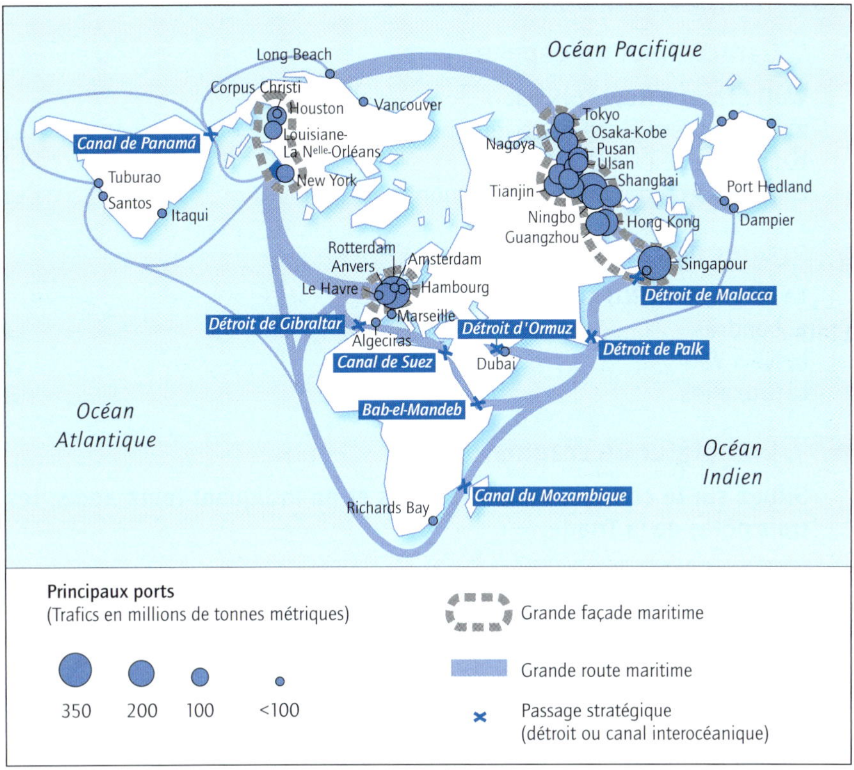

⋯ POINT BAC

QUESTION OBLIGATOIRE

La mondialisation, interdépendances et hiérarchisations

VÉRIFICATION DES CONNAISSANCES

▶ 1. Caractériser un espace.

Wall Street à New York est :

- **a.** La première place boursière mondiale ❑
- **b.** le siège de l'ONU ❑
- **c.** la plus grande université du monde ❑

▶ 2. Citer des acteurs.

Le siège de l'ONU se situe à :

- **a.** Londres ❑
- **b.** New York ❑
- **c.** Bruxelles ❑

▶ 3. Compléter un croquis.

Situez sur le croquis, par des cercles et en indiquant leurs noms, les trois pôles de la Triade.

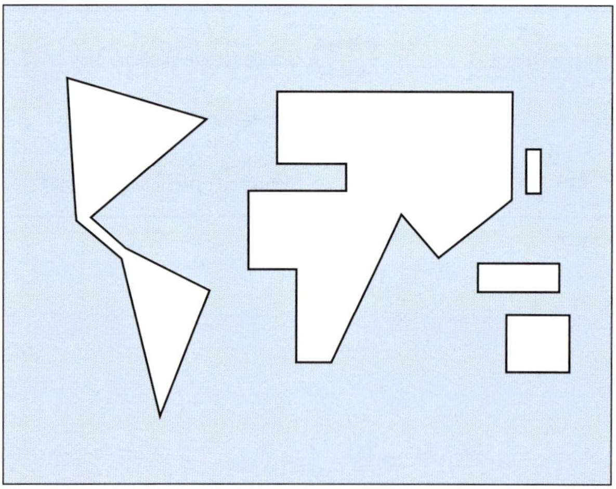

▶ 4. Justifier une affirmation en proposant des arguments.

a. Tokyo est une ville mondiale.

b. Les États-Unis sont la première puissance mondiale.

SUJET DE BAC AVEC DOCUMENT

Le système migratoire international

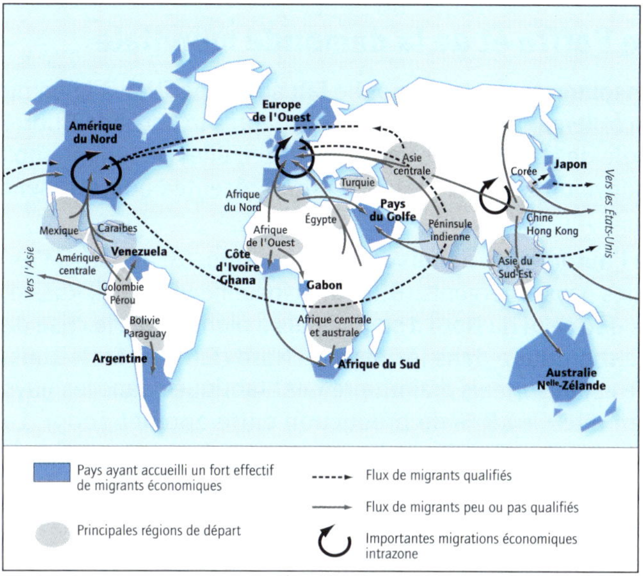

▶ 1. Préparation : 20 min.

Présentez le document. Repérez la nature, la date et le thème du document. Regardez attentivement le document.
Exploitez le document. Replacez-le dans le cadre de la massification des flux. Classez les informations (principaux pays récepteurs et émetteurs, les types de migrants, les échelles de migrations : régionale, continentale, mondiale).
Construisez votre plan.

▶ 2. Présentation orale : 10 min.

Votre introduction. Présentez le document et proposez une problématique.
Votre argumentation. Mettez en évidence et expliquez les localisations et les phénomènes constatés.
Votre conclusion. Soulignez l'intérêt du document pour comprendre l'organisation et les enjeux des migrations internationales.

▶ 3. Questions du jury : 5 min.

a. Quels sont les autres types de flux internationaux ?
b. Qu'est-ce qui explique l'essor des migrations internationales ?

28 L'automobile : une industrie en recomposition

1 La mutation de l'offre et de la demande mondiale

• **Un produit de consommation.** L'automobile fait son apparition à la fin du XIXe siècle en Europe (Allemagne, France). Devenue, après la Seconde Guerre mondiale, un symbole de la société de consommation, elle a été longtemps associée aux pays développés. Mais les tendances récentes bouleversent cette situation.

• **Les mutations de l'automobile depuis les années 1990.** On assiste à l'explosion du marché des pays émergents (BRIC principalement : Brésil, Russie, Inde et Chine), alors que celui du Nord a stagné puis a plongé avec la crise de 2008. Historiquement produite dans les pays du Nord (Europe, États-Unis, Japon), l'automobile est désormais majoritairement fabriquée dans les pays asiatiques (Chine en tête : + 48 % de production entre 2008 et 2009). La production est en forte baisse dans les pays développés (– 31,5 % au Japon, – 20 % en France, – 19 % aux États-Unis).

2 Des firmes automobiles aux destins contrastés

• **Des firmes automobiles fragilisées par la crise.** La crise a fragilisé toutes les firmes automobiles du Nord. General Motors, géant américain, a été mis en faillite en 2009 puis nationalisé. Chrysler a obtenu en 2009 une aide financière de l'État. Seul le groupe Ford a fait front seul. En 2010, ces firmes ont renoué avec les bénéfices. Au Japon, Toyota a en plus dû faire face en 2009 à des problèmes techniques qui ont conduit à des frais de réparations et des procès. En Europe, la forte baisse de la demande a contraint les firmes à demander l'aide des États (primes à l'achat).

• **Les conséquences.** La crise du secteur automobile des pays développés se répercute sur les marchés financiers (chute des cours à la Bourse). En terme social, les plans de restructuration entraînent des licenciements et une hausse du chômage. Les firmes se rapprochent ou fusionnent, principalement en Europe (entre Renault et Daimler, entre Renault et la société russe Avtovaz).

3 Les stratégies actuelles des grandes firmes automobiles

• **De nouvelles stratégies d'implantation des firmes.** Les constructeurs développent usines et ventes dans les pays émergents, en plein essor. Ainsi,

Peugeot se développe au Brésil, en Russie, en Chine et en Inde, où le groupe réalise 40 % de ses ventes.

• **Une course à l'innovation.** Pour faire face à la concurrence, les entreprises automobiles se sont lancées dans la surenchère d'innovations techniques. Mais les firmes tentent aussi de répondre à une demande de voitures à petits prix en s'associant à des constructeurs chinois ou indiens.

• **Mais des difficultés de plus en plus nombreuses.** Le secteur automobile doit également préparer son avenir face à un pétrole de plus en plus cher et à une lutte croissante contre la pollution.

Le basculement planétaire du marché

L'automobile dans les pays du Nord plonge alors qu'elle explose dans les pays émergents du Sud.

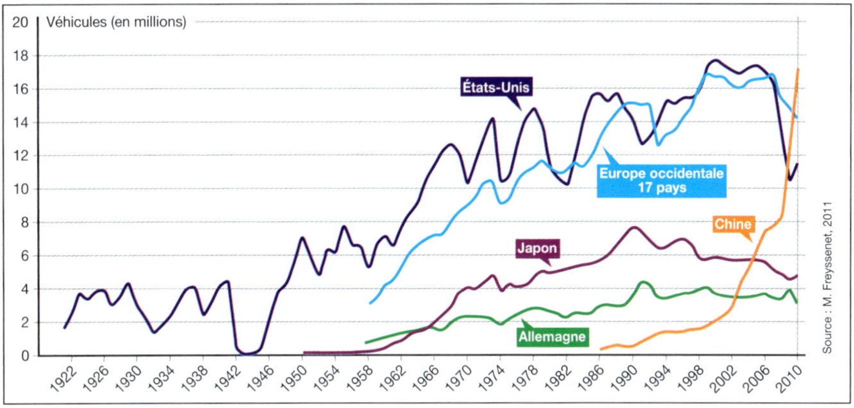

POINT BAC

SUJET D'ÉTUDE 1
L'automobile : une industrie en recomposition

VÉRIFICATION DES CONNAISSANCES

1. Localiser un phénomène.

Dans quels pays se situent les grands constructeurs automobiles des pays développés ?

a. États-Unis, Allemagne, France, Japon ❑
b. Chine, États-Unis, Allemagne, Japon ❑
c. Mexique, Japon, Australie, France ❑

2. Situer un événement dans le temps.

À quand remontent les débuts de l'automobile ?

a. À la seconde moitié du XXe siècle ❑
b. À la fin du XIXe siècle ❑
c. Au début du XXIe siècle ❑

SUJET DE BAC SANS DOCUMENT

La réaction des grandes firmes automobiles à la crise de 2008

1. Préparation : 20 min.

Définissez et délimitez le sujet. Soyez attentif au terme de « réaction ». Il s'agit de montrer les réponses économiques et stratégiques à la crise.
Identifiez la problématique du sujet. Elle repose sur la nécessité de faire face à des difficultés économiques et financières majeures pour les firmes.
Bâtissez votre plan et mobilisez vos connaissances. Le plan peut se construire en trois parties, dans lesquelles vous insérez quelques exemples précis et pertinents.

2. Présentation orale : 10 min.

Votre introduction. Définissez le sujet en insistant sur le terme de « réaction ». Présentez les enjeux du sujet et expliquez votre problématique.
Votre argumentation. Développez dans le plan les idées essentielles : les réactions communes aux différentes firmes, les réactions spécifiques à certaines firmes et enfin les conséquences sociales et géographiques.
Votre conclusion. Soulignez le fait que la crise de 2008 a modifié le paysage automobile à l'échelle mondiale.

3. Questions du jury : 5 min.

a. Citez trois firmes automobiles américaines.
b. Indiquez pourquoi Toyota a connu une crise particulière.

SUJET DE BAC AVEC DOCUMENT

L'offre automobile mondiale en 2009

Pays	Production totale (unités)	Évolution 2008-2009 (%)
Allemagne	5 209 857	- 13,8
Brésil	3 182 617	- 1
Chine	13 790 994	+ 48,3
Corée du Sud	3 512 926	- 8,2
Espagne	2 541 644	- 12
États-Unis	8 706 239	- 19,3
France	2049 762	- 20,2
Inde	2 632 694	+ 12,9
Japon	7 934 516	- 31,5
Mexique	1 557 290	- 28,2
Total monde	60 986 985	- 13,5

Source : OICA, *Production statistics*, 2010.

1. Préparation : 20 min.

Présentez le document. Repérez la nature, la date, la source et le thème du document. Lisez le document.
Exploitez le document. Replacez-le dans le cadre de la crise de 2008. Classez les informations (principaux pays producteurs, principaux pays qui ont enregistré une forte baisse ou une forte hausse de production).
Construisez votre plan.

2. Présentation orale : 10 min.

Votre introduction. Présentez le document et proposez une problématique.
Votre argumentation. Mettez en évidence et expliquez les localisations et les phénomènes constatés.
Votre conclusion. Soulignez l'intérêt du document pour comprendre les changements du paysage automobile avec la crise de 2008.

3. Questions du jury : 5 min.

a. Quel a été historiquement le rôle de l'Allemagne et de la France pour l'automobile ?
b. Qu'est-ce qui explique l'essor automobile de la Chine ?

29 Le café, un grand marché mondial

49 pays du Sud, situés dans la zone intertropicale, pratiquent la caféiculture. Le café est le 2e produit brut échangé (en valeur) dans le monde, après le pétrole.

1 Les territoires de la production du café

• **Une plante tropicale.** Le café, issu des fruits d'un arbuste, le caféier, qui pousse en milieu tropical, est sans doute né en Éthiopie au Moyen Âge. Il en existe deux variétés : l'arabica (70 % de la production mondiale), qui pousse entre 1 000 et 2 000 m, et le robusta, dans les zones basses humides.

• **La variété des territoires.** L'arabica est cultivé en Amérique centrale et du Sud (1er producteur : le Brésil) et dans l'est de l'Afrique ; le robusta dans l'ouest de l'Afrique ainsi qu'en Asie (Sri Lanka, Inde, Indonésie).

• **Les paysages de la caféiculture.** Les plans de caféier sont en ligne sur les parcelles. Il y a de fortes inégalités entre des parcelles soit de très grande taille, soit de quelques centaines de m^2, selon le type de propriété foncière.

2 Un marché inégal soumis à de fortes fluctuations

• **Les acteurs du marché.** Il y a près de 25 millions de producteurs au Sud et 100 millions de personnes travaillant indirectement pour ce produit. Les pays développés constituent 85 % des consommateurs, principalement les pays européens. Entre producteurs et consommateurs existent de nombreux intermédiaires : sociétés de transport, torréfacteurs, distributeurs. Les firmes transnationales (FTN) (Sara Lee, Nestlé, Procter & Gamble) dominent et maîtrisent le marché.

• **La fluctuation des cours.** Les cours du café sont fixés par les pays du Nord, l'arabica à la Bourse de New York et le robusta à Londres. La spéculation et la variation de l'offre et de la demande agissent sur des cours très fluctuants (hausses : 1994-1995, 1997 et 2010, baisse : 1999-2005). La variation de l'offre dépend des données climatiques, tandis que celle de la demande est liée à l'essor de la consommation de café dans les pays émergents.

3 Un marché en constante transformation

• **La régulation intergouvernementale.** Depuis 1962, l'Organisation internationale du café (OIC : 70 pays) tente de conclure des accords afin de réguler les cours. Mais ses nombreux échecs conduisent les producteurs vers d'autres alternatives (culture de drogue).

• **Les nouvelles stratégies des producteurs.** Les producteurs s'organisent par la création de coopératives, de marques de café, la diversification des cultures. Depuis les années 1980, des ONG, comme Max Havelaar en France, tentent de supprimer les intermédiaires et d'accorder des prix plus justes aux producteurs. C'est le commerce équitable, mais les consommateurs payent le café 20 à 30 % plus cher. Les firmes essayent de récupérer le marché autour du concept de café « durable » (en référence au développement durable).

L'organisation géographique du marché du café

Le café, cultivé dans la zone intertropicale, est acheminé par voie maritime vers les pays développés pour être consommé, à la maison, dans les cafés ou dans les distributeurs automatiques.

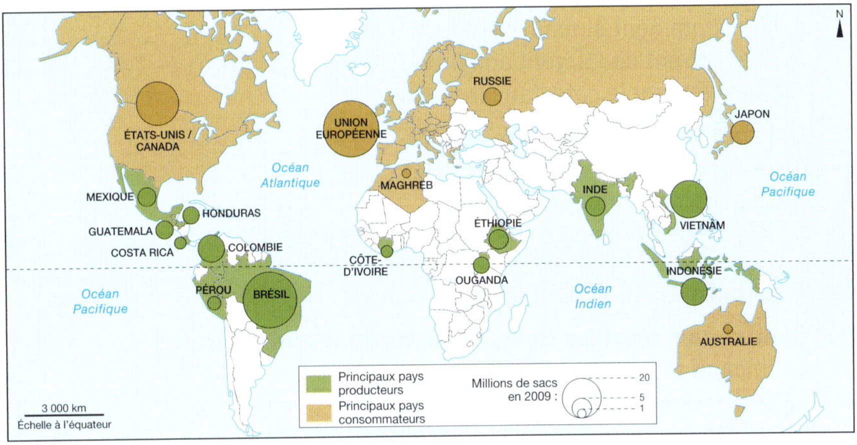

TEST - TEST - TEST - TEST - TEST - TEST

POINT BAC

SUJET D'ÉTUDE 2
Le café, un grand marché mondial

VÉRIFICATIONS DES CONNAISSANCES

▶ 1. Mémoriser et restituer les principales notions.

Quelle est la région de production de café ?

a. L'Europe ❑
b. La zone intertropicale ❑
c. L'Amazonie ❑

▶ 2. Expliquer le rôle des acteurs.

Quel est le rôle des firmes transnationales dans l'organisation du marché du café ?

a. Elles dominent et maîtrisent le marché. ❑
b. Elles offrent de l'argent aux producteurs. ❑
c. Elles vendent le café dans les cafés. ❑

Qui sont les producteurs de café ?

a. Ce sont les firmes transnationales. ❑
b. Ce sont les petits paysans. ❑
c. Ce sont de petits paysans ou de grands propriétaires fonciers. ❑

▶ 3. Localiser un phénomène.

Quelles sont les deux Bourses qui fixent les prix du café ?

a. Chicago et São Paulo. ❑
b. New York et Londres. ❑
c. Paris et Berlin. ❑

▶ 4. Expliquer le contexte d'un phénomène.

Pourquoi le caféier pousse-t-il en région tropicale ?

a. C'est une plante qui a besoin de soleil, de chaleur et d'une humidité suffisante. ❑
b. C'est une plante qui aime l'eau. ❑
c. C'est une plante qui aime le soleil et la sécheresse. ❑

Quelles sont les deux variétés de café utilisées ?

a. Margarita et Josépha. ❑
b. Assam et Darjeeling. ❑
c. Arabica et robusta. ❑

SUJET DE BAC SANS DOCUMENT

L'organisation géographique du marché du café

1. Préparation : 20 min.

Définissez et délimitez le sujet. Qu'entend-on par « organisation géographique » ? Qu'est-ce que le « marché du café » ?

Identifiez la problématique du sujet. La question clé est celle de la manière dont les espaces de production et de consommation s'organisent et s'agencent les uns par rapport aux autres.

Bâtissez votre plan et mobilisez vos connaissances. Il s'agit de présenter d'un côté les espaces de production, de consommation, les flux et d'un autre côté la puissance des Bourses et des FTN du Nord.

2. Présentation orale : 10 min.

Votre introduction. Définissez les termes du sujet. Expliquez et justifiez votre problématique.

Votre argumentation. Appuyez-vous sur votre plan en donnant quelques exemples précis.

Votre conclusion. Montrez la particularité du marché du café qui provoque des flux importants et conduit à la domination des pays développés.

3. Questions du jury : 5 min.

a. Quel est le principal pays producteur de café ?

b. Quelle région du monde consomme le plus de café ?

30 Les jeux Olympiques, un enjeu mondial

1 Les jeux Olympiques, un idéal universel

• **Le retour des JO.** Les jeux Olympiques étaient des compétitions en l'honneur de Zeus (776 av. J.-C. à 393), dans le sanctuaire d'Olympie, en Grèce. Ces Jeux renaissent en 1894 avec Pierre de Coubertin. Les premiers ont lieu à Athènes en 1896, et ceux d'hiver en 1924 à Chamonix.

• **L'idéal des Jeux.** Les JO antiques permettaient une trêve pacifique dans un monde grec dominé par les conflits entre cités. Les JO modernes se fondent sur une volonté de paix et sur un symbole de culture de l'effort et d'éducation (respect de principes éthiques et de son adversaire).

• **Les symboles de l'olympisme.** Le Comité international olympique, créé en 1896, représente 205 États. Il a comme symboles un drapeau (1920), composé de cinq anneaux enlacés sur fond blanc (les cinq continents et toutes les nations), la flamme olympique (1928), un hymne et une devise (« *citius, altius, fortius* » : plus vite, plus haut, plus fort).

2 L'enjeu géopolitique des JO

• **Un événement mondial depuis les années 1960.** Le choix des villes olympiques relève d'un consensus diplomatique (faire plaisir aux dirigeants mondiaux), économique (avoir les moyens financiers d'organiser les Jeux) et géopolitique (éviter les pays en guerre). L'Afrique est le seul continent qui n'a pas accueilli les JO, qui ont été organisés par les pays développés et quelques pays émergents (Mexique, Corée du Sud, Chine, Brésil).

• **Le lieu d'expression de rivalités.** Les JO modernes ont servi de vitrine de propagande (JO de 1936 à Berlin en Allemagne nazie, JO de Mexico en 1968 : la dénonciation de la situation des Afro-Américains). Les Jeux ont été le théâtre de l'affrontement entre grandes puissances pendant la guerre froide (boycott des Jeux de Moscou par le bloc de l'Ouest en 1980 et de Los Angeles par l'Est en 1984) et du terrorisme (athlètes israéliens pris en otage à Munich en 1972).

3 Les JO, une vitrine médiatique et un enjeu économique et financier

• **Les JO, une vitrine publicitaire.** Depuis 1960, les Jeux sont retransmis à la télévision et suivis par plusieurs centaines de millions de personnes. Ils sont des vitrines publicitaires pour les firmes transnationales (FTN) qui accèdent à de nouveaux marchés (la Chine par exemple en 2008).

• **Des enjeux financiers colossaux.** La ville hôte engage de lourdes dépenses en construction ou aménagement des infrastructures (11 milliards d'euros pour les JO de Londres en 2012), en espérant des retombées économiques (tourisme) à court et moyen terme. Les droits télévisuels ont été multipliés par 1 700 entre 1960 et 2000. Les chaînes américaines et européennes payent 75 % des droits. Enfin, la billetterie et les produits dérivés financent le CIO.

Les villes d'accueil des jeux Olympiques (1896-2016)

Peu de villes ont, depuis 1896, accueilli les jeux Olympiques. Elles se situent très majoritairement en Europe et en Amérique du Nord.

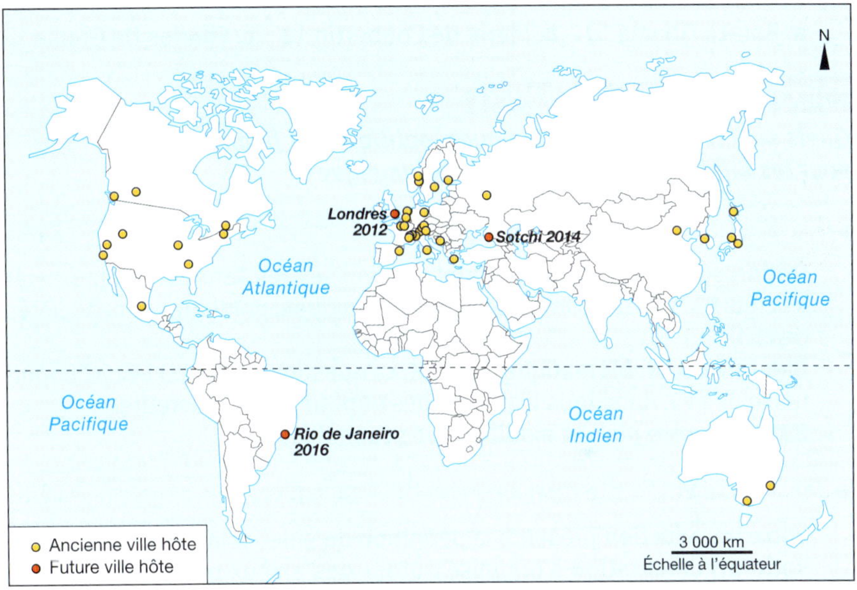

TEST - TEST - TEST - TEST - TEST - TEST

POINT BAC

SUJET D'ÉTUDE 3
Les jeux Olympiques, un enjeu mondial

VÉRIFICATION DES CONNAISSANCES

1. Quelle est l'origine historique des jeux Olympiques ?

a. Les triomphes des empereurs romains ❑
b. Les courses de chars antiques ❑
c. Les Jeux en l'honneur de Zeus dans la Grèce antique ❑

2. Qui est responsable de l'organisation et du suivi des JO ?

a. Le CIO ❑ **b.** Les États-Unis ❑ **c.** L'ONU ❑

3. Qui a refondé les JO en 1894 ?

a. Barack Obama ❑ **b.** Pierre de Coubertin ❑ **c.** Charles De Gaulle ❑

SUJET DE BAC SANS DOCUMENT

Quels sont les enjeux économiques, politiques et financiers pour les différents acteurs des jeux Olympiques ?

1. Préparation : 20 min.

Définissez et délimitez le sujet. Définissez les termes « enjeux » et « acteurs ». Listez les implications économiques, politiques et financières des JO.
Identifiez la problématique du sujet. La question posée est liée à l'importance des JO. dans tous les domaines et pour tous les acteurs.
Bâtissez votre plan et mobilisez vos connaissances.

2. Présentation orale : 10 min.

Votre introduction présente la définition du sujet et la problématique.
Votre argumentation s'organise autour des enjeux politiques pour les États, économiques et financiers pour le CIO, pour les médias du monde entier et pour les villes et pays accueillant les JO.
Votre conclusion montre l'essor, depuis les années 1960, du poids des JO.

3. Questions du jury : 5 min.

a. Quels sont les pays totalisant le plus grand nombre de médailles ?
b. Depuis quand les Jeux sont-ils retransmis à la télévision ?

SUJET DE BAC AVEC DOCUMENT

Les jeux Olympiques, un événement planétaire ?

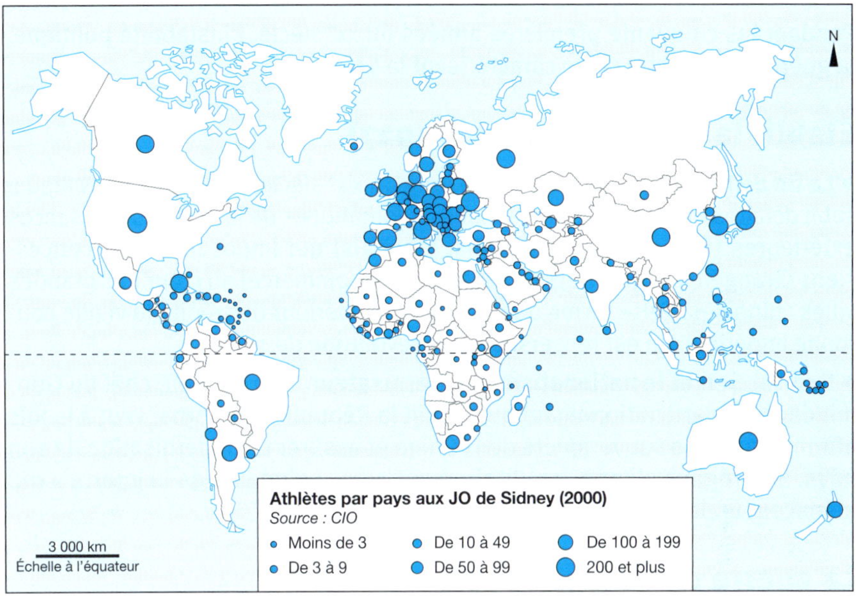

1. Préparation : 20 min.

Présentez le document. Repérez la nature et la date du document.
Exploitez le document. Cherchez les pays qui envoient le plus d'athlètes aux JO. et ceux qui n'en envoient pas. Dégagez des ensembles (pays participant le plus, le moins et intermédiaires). Cherchez des explications.
Construisez un plan.

2. Présentation orale : 10 min.

Votre introduction. Présentez le document et la problématique.
Votre argumentation. En vous appuyant sur le plan, mettez en évidence et expliquez les localisations et les différences constatées.
Votre conclusion. Soulignez l'intérêt du document pour la compréhension de l'inégal enjeu que représentent les JO. pour les pays.

3. Questions du jury : 5 min.

a. Quelle est la date des premiers jeux Olympiques modernes ?
b. Quels événements internationaux ont marqué l'histoire des JO ?

31 La Chine au temps des troubles (1911-1949)

Pendant les cinquante premières années du XXe siècle, l'instabilité politique, la guerre et la guerre civile caractérisent la Chine.

1 Établir la République (1911-1927)

• **La fin du régime impérial.** Tout au long du XIXe siècle, l'« empire du Milieu » subit défaites militaires et humiliations diplomatiques de la part des puissances extérieures (Européens, Américains, Japonais) qui imposent des « concessions étrangères » (quartiers réservés pour le commerce) au cœur des grandes villes chinoises. Cette forme d'impérialisme extérieur discrédite la vieille couronne impériale qui est renversée par la révolution de 1911.

• **Sun Yat Sen et le nationalisme modernisateur.** Sun Yat Sen, chef du Guomindang (le parti nationaliste) qui établit la République en 1911, veut à la fois affirmer la pleine souveraineté de la Chine et assurer la modernisation de son pays. Son régime s'impose militairement aux « seigneurs de la guerre » qui menacent le pays de sécessions régionales.

2 La guerre civile (1927-1937)

• **L'alliance contre nature avec les communistes.** Constitué en 1921 sur le modèle soviétique et sous son influence, le Parti communiste chinois (PCC) soutient le Guomindang contre les seigneurs de la guerre. Mais le parti nationaliste s'appuie sur les citadins et les milieux commerçants alors que le PCC promeut la révolution contre les élites du pays.

• **La campagne anticommuniste.** À partir de 1927, Tchang Kaï chek, successeur de Sun Yat Sen, lance une vaste campagne anticommuniste. La guerre civile, totale et cruelle, contraint à partir de 1931 les communistes à une « Longue Marche » à travers le pays pour se réfugier dans les provinces intérieures.

3 La guerre japonaise et la victoire communiste (1937-1949)

• **La résistance à l'occupation japonaise.** Le Japon, présent en Corée depuis 1910 et dans le nord de la Chine depuis 1931, envahit à partir de 1937 l'ensemble du littoral chinois. Du fait de la résistance des nationalistes et des communistes il ne peut s'emparer des provinces intérieures du pays. Plusieurs millions de Chinois meurent durant ce conflit.

• **La victoire communiste.** Après la défaite japonaise de 1945, la guerre civile reprend et tourne à l'avantage de l'armée rouge communiste. Tandis que les dernières forces du Guomindang se réfugient à Taïwan, Mao Zedong, chef communiste, proclame le 1er octobre 1949 depuis Pékin la République populaire de Chine.

La fin de la guerre civile chinoise

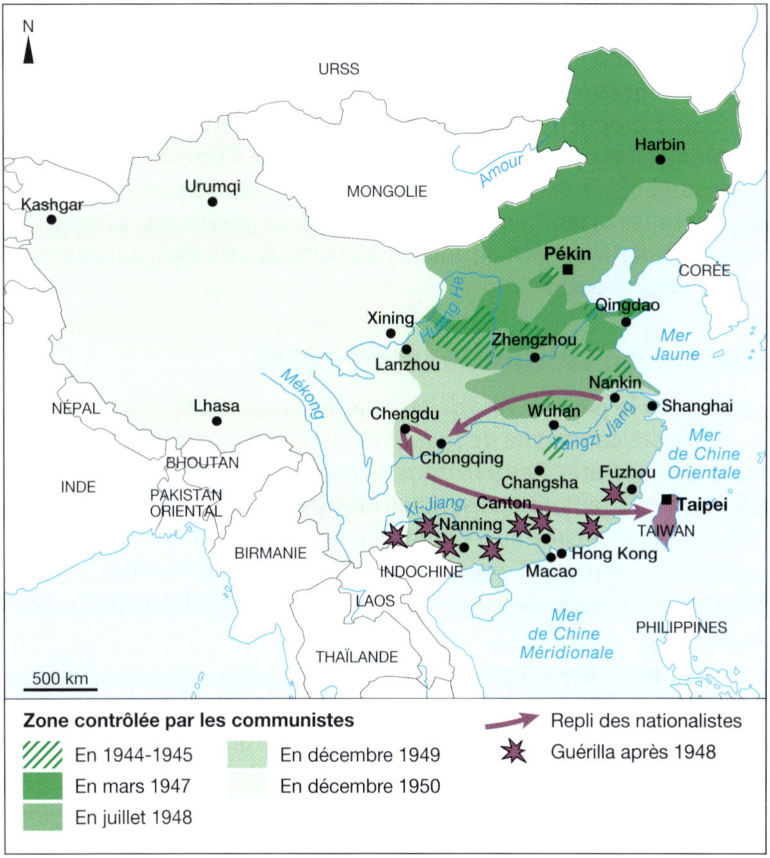

32 La Chine sous Mao (1949-1976)

Les 27 années du régime de Mao sont marquées par des revirements politiques nombreux, spectaculaires et sanglants.

1 Le choix du modèle de développement (1949-1965)

• **Une Chine soviétique (1949-1958) ?** Dès la prise du pouvoir, Mao, admirateur de Staline, nationalise l'industrie et dirige l'économie par le Parti. Mais, à partir de 1958, Mao change de politique : il annonce le « Grand Bond en avant ».

• **Le « Grand bond en avant » et son échec.** Malgré le manque de capitaux et de compétences techniques, Mao veut que la Chine atteigne des objectifs ambitieux de production au moyen d'une mobilisation totale de sa population. Menée dans la plus grande improvisation, l'opération aboutit à une totale désorganisation du pays, à un effondrement des productions et à une famine qui cause la mort de plusieurs millions de personnes. Discrédité, Mao doit laisser, à partir de 1961, le pouvoir aux réalistes du Parti qui abandonnent ses projets grandioses.

2 La révolution culturelle (1965-1976)

• **La lutte pour le pouvoir.** Afin de reprendre le pouvoir, Mao lance, à partir de 1965, une vaste campagne de presse contre les « mandarins », c'est-à-dire contre la bureaucratie. Ses partisans se regroupent en « gardes rouges » qui manifestent en chantant des slogans du « petit livre rouge de Mao » et instaurent un véritable culte au « Grand Timonier » (surnom de Mao). Partout, ils s'en prennent violemment aux cadres du Parti, qui sont humiliés, contraints à l'autocritique publique, battus, envoyés en camps de rééducation ou abattus sur place.

• **La remise en ordre du pays.** Les épurations massives et sauvages des années 1965-1969 désorganisent l'enseignement et la production, si bien que l'armée finit par intervenir contre les gardes rouges. À la mort de Mao, à 83 ans, en 1976, le Parti arrête ses proches (la « Bande des Quatre ») et met fin à une révolution culturelle qui semble avoir tué plusieurs centaines de milliers de personnes.

3 L'élaboration d'une politique étrangère indépendante

• **La concurrence avec l'URSS.** Dans les premières années de son pouvoir, Mao s'appuie sur une aide technique massive de l'URSS. Mais le « Grand Bond en avant » déplaît aux Soviétiques qui retirent leur soutien. Dès lors, le communisme chinois, qui privilégie la figure du paysan sur celle de l'ouvrier, se pose en concurrent de celui de l'URSS dans plusieurs régions du tiers-monde en décolonisation. L'accès de la Chine à l'arme atomique en 1964 renforce encore la défiance entre les deux grandes puissances communistes.

• **Un rôle ambigu dans la guerre froide.** Arrivé au pouvoir en 1949, le PC chinois fournit des millions de combattants à la Corée du Nord dans sa guerre (1950-1953) contre la Corée du Sud soutenue par les États-Unis. Cependant, en pleine guerre américaine contre le Viêtnam communiste, Mao obtient des États-Unis la reconnaissance diplomatique et l'entrée à l'ONU (1971) ; il reçoit même le Président américain Nixon à Pékin (1972).

Le Grand Timonier éclaire son peuple

33 La Chine à l'heure de l'ouverture économique

Depuis la fin de l'ère Mao, la Chine s'engage résolument dans l'ouverture économique au monde.

1 Deng Xiaoping et le virage réaliste de la révolution chinoise

• **Le choix du pragmatisme.** Deng Xiaoping, l'un des principaux dirigeants communistes évincés par la Révolution culturelle, revient au pouvoir à la mort de Mao. Il déclare que « peu importe la couleur du chat pourvu qu'il attrape les souris », ce qui signifie qu'il privilégie les questions concrètes à l'idéologie.

• **La Chine du « socialisme de marché ».** Le programme de Deng consiste à favoriser la croissance économique pour offrir la prospérité à la population. Mais, pour développer l'économie, la Chine a besoin des capitaux étrangers. Deng ouvre donc la Chine au marché mondial, en proposant aux investisseurs étrangers de s'établir dans les zones franches du littoral : ils y trouveront une main-d'œuvre très bon marché et des conditions fiscales avantageuses. Le pays est ainsi devenu depuis trente ans la première destination des investissements vers l'Asie.

2 Trente ans d'ouverture économique

• **Premier producteur industriel mondial.** En trente ans, la Chine est devenue l'« usine du monde » : elle assure aujourd'hui 20 % de la production industrielle mondiale, elle est la première productrice de jouets, de textile, d'acier, d'électroménager, d'électronique, et bientôt d'automobile voire d'aéronautique.

• **Un acteur commercial agressif.** La Chine destine cette production à l'exportation et les prix de ses produits lui assurent de gagner des parts de marché. L'industrie chinoise est également la première (à hauteur de 80 %) à produire la contrefaçon (luxe, textile, électronique...) qui circule dans le monde. L'émergence des exportations chinoises induit la fermeture de nombreuses industries dans d'autres pays.

3 L'émergence d'une puissance économique majeure

• **Première puissance exportatrice mondiale.** La majorité des productions manufacturières chinoises est destinée au marché mondial ; les produits « made in China » inondent les grandes surfaces des pays occidentaux et les boutiques des pays en développement. Grâce à ses excédents commerciaux, la Chine a accumulé depuis trente ans les plus fortes réserves mondiales de devises (plus de 2 000 milliards de dollars).

• **La mise en place d'acteurs économiques chinois.** Dans le même temps, les grands conglomérats industriels d'État sont fermés ou vendus au secteur privé, ce qui permet à des groupes industriels chinois d'apparaître, d'abord comme des sous-traitants des investisseurs étrangers, et de plus en plus comme des concurrents.

La production industrielle chinoise dans le monde en 2008

Hautes technologies		Autres productions	
Dvd :	90 %	Tracteurs :	85 %
Photocopieuses :	70 %	Montres et horloges :	85 %
Téléphones portables :	60 %	Jouets :	85 %
Ordinateurs portables :	55 %	Bicyclettes :	60 %
Appareils photos :	55 %	Équipements sportifs :	60 %
Téléviseurs :	40 %	Micro-ondes :	40 %
		Acier :	36 %
		Réfrigérateurs :	25 %
		Machines à laver :	25 %

34 Les défis de la Chine d'aujourd'hui

Le développement chinois est si puissant qu'il semble pouvoir déstabiliser le régime, l'environnement diplomatique asiatique et même les grands équilibres de la planète.

1 Les insuffisances du modèle de développement

• **Le retard technologique.** Grâce à ses excédents commerciaux, la Chine cherche à acquérir les technologies qui lui manquent en achetant dès que possible des entreprises étrangères et en investissant massivement dans la formation et dans la recherche. Les produits chinois souffrent cependant encore, dans le haut de gamme, de la comparaison avec les produits des puissances technologiques occidentales ou asiatiques (Japon et Corée du Sud).

• **Un coût environnemental très élevé.** L'extraction des minerais et la production industrielle polluent tellement les fleuves chinois que l'accès à l'eau potable devient un problème majeur et que la Chine est à présent le premier producteur de rejet atmosphérique de CO_2. Le défi environnemental est donc de plus en plus pris en compte par le régime chinois, mais il entre souvent en contradiction avec les impératifs immédiats du développement.

2 Des inégalités très fortes dans la société chinoise

• **La Chine s'enrichit mais pas tous les Chinois.** Le niveau de vie des classes moyennes urbaines, soit 300 millions de personnes environ, tend à s'aligner sur celui des Occidentaux, tandis que près d'un milliard de ruraux continue de vivre avec de très faibles revenus. L'hypercorruption touche toutes les élites, et la Chine est le pays qui compte aujourd'hui le plus de millionnaires.

• **Des territoires très contrastés.** Les déséquilibres sociaux se doublent de très forts déséquilibres spatiaux entre un littoral ouvert, dynamique et capteur de richesses et des régions intérieures enclavées et arriérées. La construction du barrage des Trois Gorges et le développement de la ville de Chongqing marquent la volonté du pouvoir central de désenclaver l'intérieur du pays par des programmes volontaristes d'installation d'activités économiques.

3 Une puissance qui s'affirme

• **Le refus de la démocratisation.** Le Parti communiste chinois refuse toute contestation de son pouvoir, comme le rappelle l'attitude du gouvernement à l'occasion de la remise du prix Nobel de la paix 2010 à l'opposant Liu Xiaobao.

Le régime n'avait pas hésité à réprimer le « printemps de Pékin » de 1989 par une intervention militaire sanglante sur la place Tianan men et il continue de refuser toute expression de particularisme aux minorités ethniques du Tibet et du Xinjiang.

• **Une puissance militaire agressive ?** Puissance nucléaire, la Chine se dote actuellement d'un arsenal naval militaire qui lui a toujours fait défaut. Son soutien à la Corée du Nord, ses revendications sur Taiwan (au nom de l'unité nationale), comme sur des îles et archipels dispersés dans les mers alentours, alimentent des contentieux avec les pays voisins.

La dégradation de l'environnement

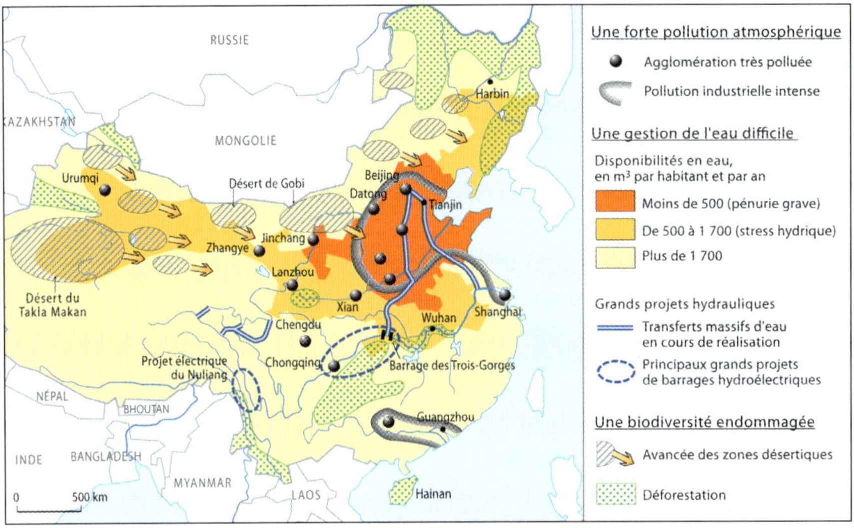

TEST - TEST - TEST - TEST - TEST - TEST

POINT BAC

QUESTION OBLIGATOIRE

La Chine depuis 1911 : de la fin de l'empire du Milieu à l'un des centres de la mondialisation

VÉRIFICATION DES CONNAISSANCES

1. Choisir les dates clés d'une évolution.

Associez à chaque période les dates qui lui correspondent.

a. Guerre contre le Japon et guerre civile	**1.** 1911-1937
b. Régime de Mao	**2.** 1937-1949
c. République des troubles intérieurs	**3.** 1949-1976
d. Ouverture économique sur le monde	**4.** Depuis 1976

2. Citer des acteurs.

Attribuez aux acteurs politiques chinois leur rôle historique :

a. Mao	**1.** Il mène l'ouverture économique
b. Sun Yat Sen	**2.** Il mène la guerre civile contre les communistes
c. Deng	**3.** Il fonde le régime communiste
d. Tchang Kaï-chek	**4.** Il renverse l'Empire et proclame la République

3. Caractériser un événement.

Que désigne la politique de « Grand Bond en avant » de 1958 ?

a. C'est une épreuve sportive. ❑

b. C'est une rupture d'alliance avec l'URSS. ❑

c. C'est un programme économique de développement accéléré sans échanges extérieurs. ❑

d. C'est la conquête spatiale. ❑

4. Justifier une affirmation en argumentant.

Le slogan de « l'ouverture » désigne les échanges économiques mais pas la vie politique intérieure chinoise.

SUJET DE BAC SANS DOCUMENT

Le Parti communiste chinois, dictature et modernisation

▶ 1. Préparation : 20 min.

Définissez et délimitez le sujet. Le Parti communiste chinois, constitué en 1921, prend le pouvoir en 1949. C'est à compter de cette date que débute le sujet. Le parti communiste est l'acteur central du sujet ; c'est son activité qui doit être évoquée.
Identifiez la problématique du sujet. Il s'agit de montrer que la dictature peut être à la fois un obstacle et un moyen de la modernisation d'un pays.
Bâtissez votre plan et mobilisez vos connaissances. La durée du sujet (plus de soixante ans) impose un plan chronologique, par exemple en deux parties (Mao et l'après-Mao par exemple).

▶ 2. Présentation orale : 10 min.

Votre introduction présente la définition du sujet et la problématique.
Votre argumentation met en avant des connaissances précises sur des épisodes importants, comme le Grand Bond en avant, la Révolution culturelle ou le socialisme de marché.
Votre conclusion montre que la dictature a eu deux politiques successives. Il ne faut pas hésiter à ouvrir la réflexion sur les difficultés créées par le parti communiste par le développement économique qu'il a initié.

▶ 3. Questions du jury : 5 min.

a. Quelle est la différence de politique entre Mao et Deng Xiaoping ?
b. Laquelle des deux Corée est soutenue par le Parti communiste chinois ?

35 Contrôler la démographie en Chine communiste

1 Le pouvoir chinois face à la croissance démographique

• **Des contradictions au cœur même du régime.** Mao est nataliste car il a la conviction que la population est la force de la Chine. À l'inverse, les tendances les plus réalistes du Parti communiste chinois estiment que le développement du pays implique de maîtriser la croissance de la population, donc de limiter les naissances. Cette contradiction au sommet du Parti explique les hésitations de la politique publique chinoise en matière de natalité.

• **La natalité, enjeu de la Révolution culturelle.** À la suite du premier recensement que la Chine connaît en 1953, une politique de limitation des naissances est envisagée et timidement mise en place. Mais, avec la Révolution culturelle (1965-1976), Mao relance les incitations natalistes. À sa mort, ses successeurs inversent la tendance et mettent en place la politique dite de « l'enfant unique » : toute famille qui n'a qu'un enfant bénéficie d'avantages nombreux (logements, emplois, éducation, santé) qu'elle doit rembourser en cas de deuxième enfant.

2 Les nouveaux défis de la démographie chinoise

• **Vers « une société aux cheveux d'argent » ?** En appliquant fermement la politique de l'enfant unique, le régime chinois a permis au pays de connaître la plus rapide des transitions démographiques, si bien que la Chine, parmi les pays les plus jeunes dans les années 1950-1960, est menacée pour 2020-2030 d'un déséquilibre très fort entre actifs et retraités dont il faudra assurer la charge.

• **Où sont les femmes ?** En Chine comme dans d'autres sociétés, le garçon est davantage valorisé que la fille. La politique de l'enfant unique semble avoir de fait encouragé une tendance à « éliminer » les nouveaux-nées (par avortement sélectif voire par infanticide) pour laisser place à un futur nouveau-né. Cette pratique explique le déficit d'environ 40 millions de femmes par rapport aux hommes que la Chine connaît aujourd'hui.

3 Les problèmes démographiques liés à l'espace

• **Des territoires intérieurs diversement peuplés.** Si le littoral et les vallées des grands fleuves sont très densément peuplés, l'intérieur du pays, composé de steppes, de plateaux et de montagnes, est parfois quasiment vide. De plus, les régions frontalières sont peuplées de minorités nationales (Tibet, Xinxiang) parfois transfrontalières et souvent animées de volontés autonomistes.

• **Transferts de populations et exode rural.** Afin d'en contrôler les ressources et les frontières et pour « noyer » les minorités sous le nombre, le pouvoir organise le peuplement des marges en y installant des activités économiques et des populations de chinois Han (ethnie majoritaire). Cependant, dans le même temps, la promesse de travail pousse des millions de ruraux vers les grandes villes littorales, dans un mouvement que le « passeport intérieur » ne parvient pas à empêcher.

L'évolution de la répartition par groupe d'âge de la population chinoise

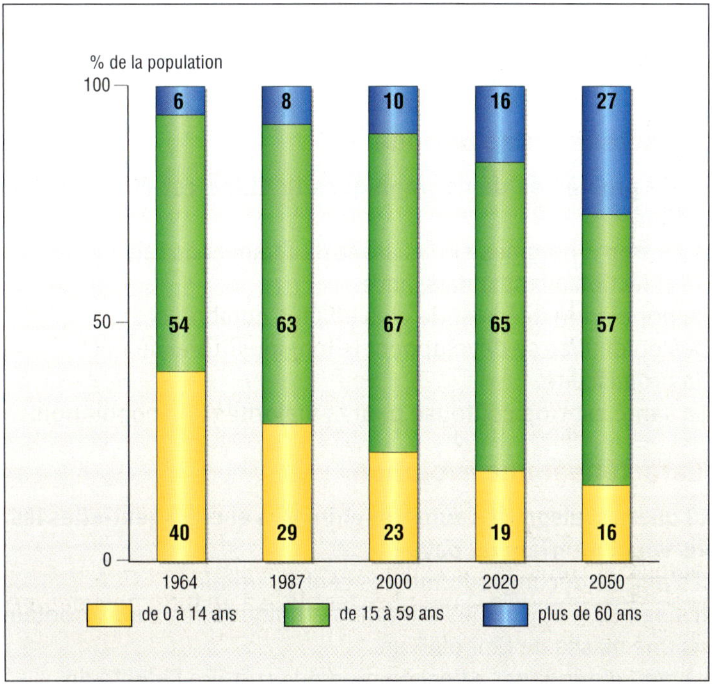

Les données pour 2020 et 2050 sont des projections.

TEST - TEST - TEST - TEST - TEST

POINT BAC

SUJET D'ÉTUDE 1
Contrôler la démographie en Chine communiste

VÉRIFICATION DES CONNAISSANCES

▶ 1. Caractériser un événement.

Qu'est-ce qui a décidé le gouvernement chinois à adopter en 1979 la politique de « l'enfant unique » ?

a. L'idéologie communiste ❑
b. La menace extérieure ❑
c. Les contraintes matérielles fortes liées à l'augmentation de la population ❑
d. Le choix de privilégier l'investissement dans l'industrie plutôt que dans l'éducation ❑

▶ 2. Caractériser une période.

À quels problèmes démographiques la Chine est-elle confrontée aujourd'hui ?

a. Il y a trop d'hommes et pas assez de femmes du fait de la sélection avant la naissance. ❑
b. La population âgée est de plus en plus nombreuse. ❑
c. Des épidémies se développent le long du littoral du fait de la promiscuité. ❑
d. La santé est trop coûteuse pour la majorité de la population. ❑

▶ 3. Caractériser une évolution.

Pour quelles raisons les autorités chinoises encouragent-elles les migrations vers l'intérieur du pays ?

a. Il s'agit de décongestionner les centres urbains. ❑
b. Il s'agit de « noyer » les minorités ethniques des zones frontalières dans une masse de Chinois Han. ❑
c. Il s'agit d'appliquer à l'occupation du territoire l'idéologie communiste de l'égalité parfaite. ❑
d. Il s'agit de développer des activités industrielles au plus près des ressources en matières premières et en énergie. ❑

▶ 4. Justifier une affirmation en argumentant.

La politique démographique du régime chinois conduit le pays au vieillissement de la population.

SUJET DE BAC AVEC DOCUMENT

Aléas politiques et évolution démographique en Chine

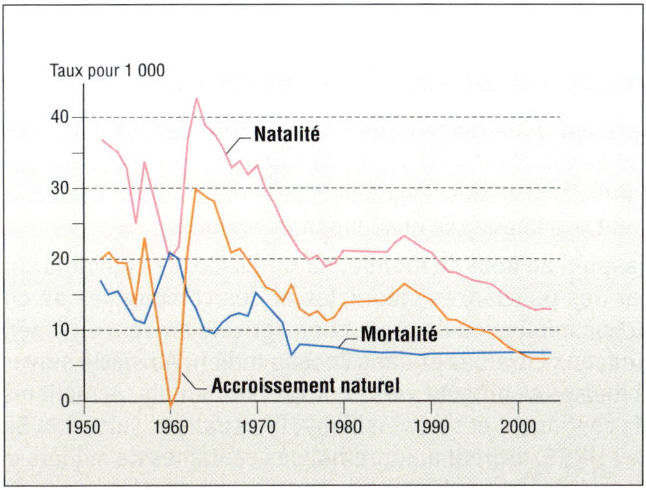

▶ 1. Préparation : 20 min.

Présentez le document. Repérez la nature, les phénomènes mesurés, les unités de mesure, la période représentée.
Exploitez le document. Cherchez les tendances de fond des évolutions et les grandes ruptures.
Construisez votre plan. Montrez par un plan en parties chronologiques que les évolutions démographiques expriment les retournements politiques à la tête de la Chine.

▶ 2. Présentation orale : 10 min.

Votre introduction. Présentez le document et proposez une problématique.
Votre argumentation. Mettez en évidence et expliquez les phénomènes constatés.
Votre conclusion. Soulignez l'intérêt du document pour comprendre la brutalité des changements successifs imposés par le régime communiste chinois et pour montrer l'évolution profonde de la démographie chinoise.

▶ 3. Questions du jury : 5 min.

a. Par quels moyens le régime chinois « incite-t-il » les populations à adopter le modèle de l'enfant unique ?
b. Comment s'explique le déséquilibre entre hommes et femmes dans la Chine d'aujourd'hui ?

SUJET D'ÉTUDE 2

36 La diaspora chinoise

La diaspora chinoise est la plus nombreuse au monde (de l'ordre de 40 millions hors Taiwan) et elle contribue à la présence de la Chine dans le monde.

1 Une diaspora ancienne et nombreuse

• **Une présence ancienne dans l'Asie du Sud-Est.** La diaspora chinoise est présente depuis des siècles dans tous les pays de l'Asie du Sud-Est, où l'on trouve plus de 30 millions de Chinois de la diaspora. En revanche, elle ne s'est quasiment pas implantée ni au Japon, ni en Inde.

• **La diaspora au bout du monde.** Au XIXe siècle, des ouvriers chinois embauchés par des puissances coloniales et des compagnies de chemin de fer, d'extraction minière ou de production agricole arrivent en Amérique du Nord et du Sud, aux Caraïbes et dans l'océan Indien. Au siècle suivant, les migrations chinoises se dirigent vers l'Europe occidentale. Actuellement, ces mouvements continuent et se diversifient ; l'Australie et surtout la Sibérie, depuis la fin de l'URSS, attirent aujourd'hui des centaines de milliers de Chinois.

2 Les contrastes de la diaspora

• **Une influence économique très forte en Asie.** La diaspora chinoise en Asie, profitant de ses liens avec la Chine et avec le reste de la diaspora, dispose d'une place prépondérante dans le commerce de l'Asie du Sud-Est. Des conglomérats à capitaux croisés chinois tiennent bureaux ouverts dans toutes les grandes villes de la région. Singapour, ville-État et puissance financière et commerciale majeur de l'Asie, est aux 3/4 peuplée de Chinois.

• **Des communautés discrètes.** Les communautés de la diaspora se repèrent surtout par la dimension « communautaire » de leurs implantations dans des « chinatowns » bariolés, mais elles ne cherchent pas à s'imposer dans l'espace public, elles ne revendiquent que rarement des droits spécifiques et elles n'utilisent que peu souvent l'intégralité des droits de citoyenneté, comme par exemple de s'organiser pour se présenter aux élections.

3 L'Afrique : nouvel eldorado de la diaspora chinoise ?

• **Des acteurs institutionnels actifs.** La Chine, en tant que gouvernement ou à travers des entreprises, investit l'Afrique à la recherche de matières premières (bois, cuivre), d'énergie (pétrole, gaz), de grands investissements structurels (routes, ports, télécoms) et même de surfaces agricoles pour envoyer des productions en Chine.

• **Une présence chinoise toute nouvelle.** Si les Chinois étaient à peine quelques milliers en Afrique il y a vingt ans, on en compte près d'un million en 2010. Ces populations sont pour le moment temporaires, composées d'hommes actifs envoyés par des donneurs d'ordre chinois qui veulent leur main-d'œuvre productive, disciplinée et fiable. Pour constituer une réelle diaspora, il faudrait qu'ils s'installent au-delà de leurs missions avec femmes et enfants et que leurs descendants deviennent citoyens du pays de résidence.

Les Chinois dans le monde

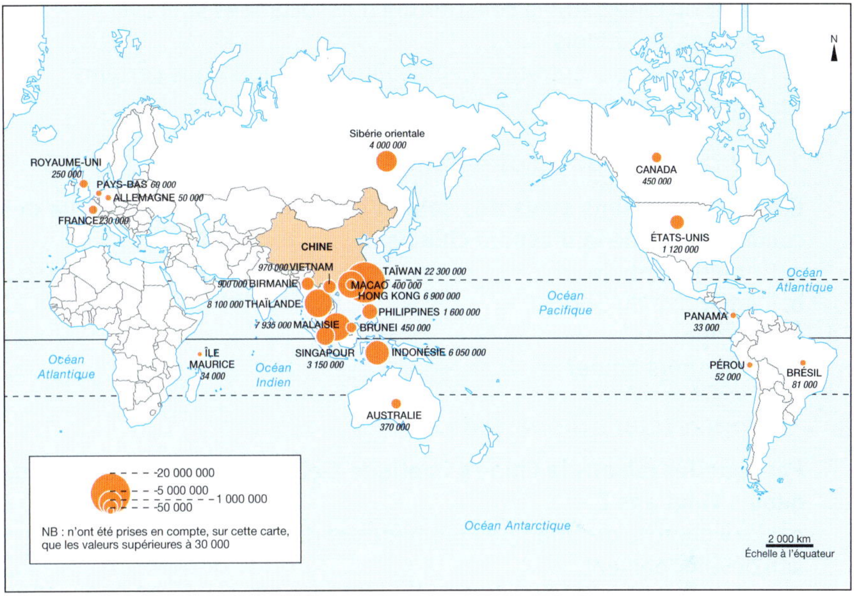

POINT BAC

SUJET D'ÉTUDE 2
La diaspora chinoise

VÉRIFICATION DES CONNAISSANCES

▶ 1. Caractériser une situation.

À partir de quand peut-on parler de « diaspora chinoise » dans un pays ?

a. Quand il y a une concentration de populations d'origine chinoise dans certains quartiers. ❑

b. Quand on observe l'exercice de rites et de coutumes traditionnels chinois. ❑

c. Quand on enregistre la constitution d'associations sportives composées de Chinois. ❑

d. Quand il y a concentration de travailleurs chinois dans certains secteurs économiques. ❑

▶ 2. Caractériser un événement.

Classez les régions suivantes selon l'importance démographique des communautés de la diaspora chinoise.

a. L'Amérique du Nord ❑

b. L'Amérique du Sud ❑

c. L'Europe ❑

d. L'Asie (hors Chine) ❑

▶ 3. Caractériser une période.

Pour quelles raisons la Chine s'implique-t-elle massivement en Afrique depuis vingt ans ?

a. Elle y cherche des matières premières et de l'énergie pour soutenir son développement. ❑

b. Elle cherche à établir des régimes communistes partout. ❑

c. Elle cherche à investir dans des secteurs économiques locaux ❑

d. Elle souhaite déplacer une grande quantité de sa population en Afrique. ❑

▶ 4. Choisir les dates clés d'une évolution.

Depuis quand existe-t-il une diaspora chinoise en Sibérie ?

a. Depuis le Moyen Âge. ❑

b. Depuis le XIXe siècle. ❑

c. Depuis le début du XXe siècle. ❑

d. Depuis les années 1990. ❑

SUJET DE BAC AVEC DOCUMENT

L'Afrique, nouvelle extension de la diaspora chinoise

La déferlante chinoise

Le fait le plus marquant de l'Afrique du début du XXIe siècle est sans aucun doute le déferlement d'entreprises chinoises.
La raison profonde du regain d'intérêt de la Chine envers l'Afrique tient aux besoins démesurés en matières premières qui accompagnent son exceptionnelle croissance économique. Sa maîtrise technologique et ses capacités de financement en font actuellement l'acteur le plus dynamique sur la scène africaine.
Les entreprises chinoises sont imbattables. Elles n'hésitent pas à importer des travailleurs chinois, au faible coût salarial et à la productivité supérieure à celle de la main-d'œuvre africaine. Peu regardante quant à la gouvernance et aux droits de l'homme, la Chine n'adhère pas aux conditionnalités posées par les démocraties occidentales. Bien que l'accès aux matières premières soit sa priorité, la présence chinoise ne cesse de se diversifier : de petites entreprises, souvent familiales, s'implantent dans le commerce et dans les services. Elles concurrencent non seulement les Européens ou les Libanais mais les Africains eux-mêmes y compris dans le secteur informel, créant des situations inédites, porteuses de conflits potentiels.

R. Pourtier (dir.), *Géopolitique de l'Afrique et du Moyen-Orient*, Nathan, 2009.

▶ 1. Préparation : 20 min.

Présentez le document. Repérez la nature et le thème du document. Pensez à distinguer la date du document de celle des événements évoqués.
Exploitez le document. Repérez les différents acteurs évoqués par le texte. Relevez les atouts chinois en Afrique et les éventuels problèmes qui peuvent se poser face au déploiement chinois en Europe.
Construisez votre plan. Il faut bien distinguer les dynamiques actuelles et les perspectives.

▶ 2. Présentation orale : 10 min.

Votre introduction. Présentez le document et proposez une problématique.
Votre argumentation. Appuyez-vous sur le texte mais n'hésitez pas à ajouter d'éventuelles connaissances personnelles.
Votre conclusion. Soulignez l'intérêt du document pour comprendre l'émergence d'un aspect nouveau de la puissance chinoise dans la mondialisation.

▶ 3. Questions du jury : 5 min.

a. Pour quelle raison les autorités chinoises sont-elles peu regardantes sur le respect des droits de l'homme en Afrique ?
b. Dans quelle partie du monde trouve-t-on le plus de Chinois de la diaspora ?

37 Shanghai, métropole

1 Une nouvelle métropole mondiale

• **Le cœur de l'économie chinoise.** C'est à Shanghai que se trouvent les sièges des plus grands groupes chinois de l'industrie et des services financiers de haut niveau (banque, assurance, conseil). Shanghai offre les infrastructures les plus modernes de Chine et dispose du premier PIB/habitant de Chine, même si on estime que près d'un tiers des 20 millions de l'agglomération sont des « immigrés de l'intérieur », sans statut ni droit.

• **Une métropole attractive et séduisante.** Shanghai est la première destination des investissements étrangers en Chine et tous les groupes internationaux s'installent à Shanghai à la fois pour s'implanter sur le marché chinois et comme plate-forme pour l'ensemble de l'Asie du Sud-Est. De plus en plus, le rôle culturel de Shanghai se développe : déjà centre de l'édition chinoise, elle s'est dotée d'un opéra et d'un musée à la fois très modernes et très prestigieux ; l'Exposition universelle de 2010 a permis à la ville de montrer son dynamisme, et un Disneyland est à présent en construction.

2 Le premier port du monde

• **Un port complet.** Shanghai est le premier port mondial (en millions de tonnes de trafic) et le deuxième en nombre de conteneurs ; c'est de ce port que partent les exportations de produits manufacturés chinois et c'est dans ce port que les matières premières et les hydrocarbures arrivent en Chine.

• **Des infrastructures modernes.** Utilisé depuis 1985 pour les conteneurs, le port en embouchure de Waigaoqiao, avec 10 mètres de tirant d'eau, ne suffit plus pour les plus grands navires actuels ; Shanghai s'est donc dotée du nouveau port de Yangsghan avec 15 mètres de tirant d'eau pour les plus gros navires.

3 La vitrine d'un siècle d'histoire chinoise

• **Une ville appropriée par les puissances étrangères.** Située à l'embouchure du Yangzi (le fleuve Bleu) qui ouvre sur tout l'intérieur du pays, Shanghai intéresse les grandes puissances occidentales qui imposent, dès 1842, à l'empereur de Chine d'y installer des « concessions » (quartiers hors législation chinoise). La présence occidentale cesse avec l'occupation japonaise (1937-1945) mais elle marque encore l'architecture du centre-ville.

• **Shanghai sous la Révolution culturelle et depuis.** Sous Mao, la politique de fermeture favorise de fait l'intérieur et le monde rural au détriment du littoral et des grandes agglomérations. Mais, depuis l'ouverture au marché mondial, la ville se déploie très vite : le centre-ville se constitue en CBD (*Central Business District*) tandis que d'immenses grands ensembles d'habitat ouvrier s'étendent sur des banlieues interminables.

Shanghai, porte de l'empire du Milieu

Le Yangzi (ou fleuve Bleu) occupe une place centrale dans le dispositif territorial de la Chine. Son bassin versant couvre 1,5 million de kilomètres carrés, soit 15 % du territoire chinois, et concentre 38 % de la population chinoise et 40 % des secteurs agricole et industriel du pays.

POINT BAC

SUJET D'ÉTUDE 3

Shanghai, métropole mondiale

VÉRIFICATION DES CONNAISSANCES

▶ 1. Caractériser un lieu dans un espace géographique.

À quels problèmes l'agglomération de Shanghai est-elle confrontée du fait de son développement ?

a. Shanghai semble aspirer des millions de ruraux en quête de travail. ❑

b. Shanghai est victime des crues imprévisibles du fleuve Yangzi. ❑

c. Les ressources du sous-sol sont déjà épuisées. ❑

▶ 2. Caractériser une situation géographique.

Pourquoi les investisseurs étrangers s'implantent-ils massivement à Shanghai ?

a. C'est un moyen de se trouver à proximité du pouvoir politique chinois. ❑

b. C'est la métropole la plus riche de Chine, donc c'est le plus grand marché de consommation. ❑

c. La ville sert de point d'appui pour les activités Asie-Pacifique des FTN occidentales. ❑

▶ 3. Caractériser une évolution.

Quels sont les atouts portuaires de Shanghai ?

a. Le port s'est étendu sur les îles littorales pour accueillir les plus grands navires du monde. ❑

b. Le port s'appuie sur l'industrie de l'intérieur du pays ce qui lui garanti du fret. ❑

c. La marine militaire chinoise développe pour ses activités des infrastructures qui servent également à l'activité civile. ❑

▶ 4. Expliquer le rôle des acteurs.

De quelle manière les autorités de Shanghai cherchent-elles à affirmer le rôle mondial de leur métropole ?

a. En organisant un salon de l'automobile. ❑

b. En développant le tourisme balnéaire. ❑

c. En revendiquant de devenir la capitale politique au détriment de Pékin. ❑

SUJET DE BAC AVEC DOCUMENT

Shanghai, un espace immédiat au service d'un rôle mondial

Port de Shanghai

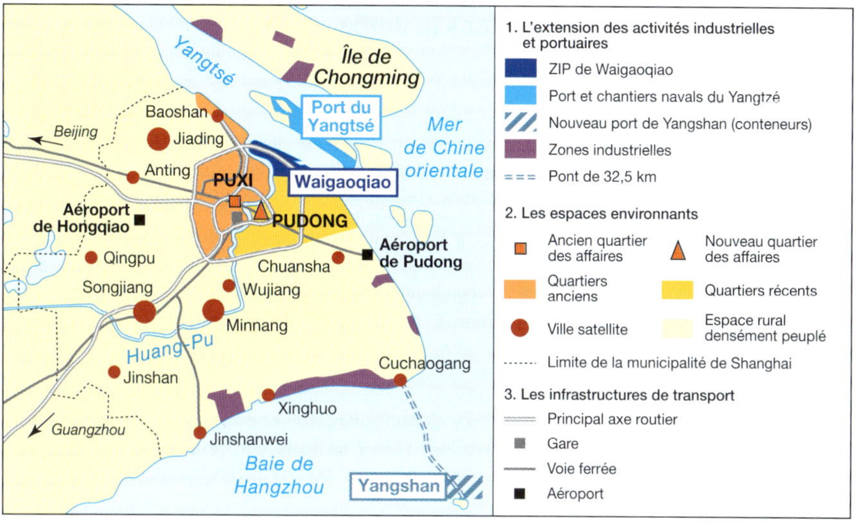

▶ 1. Préparation : 20 min.

Présentez le document. Repérez les trois grands groupes de symboles utilisés par ce croquis.
Exploitez le document. Montrez le lien entre zones portuaires et zones industrielles. Montrez le rôle d'interface entre la Chine intérieure et le monde extérieur. Distinguez le nouveau port des anciennes infrastructures.
Construisez votre plan. Pour chacun des aspects de la métropole présentés, liez les infrastructures locales aux activités internationales de la métropole.

▶ 2. Présentation orale : 10 min.

Votre introduction. Présentez le document et proposez une problématique.
Votre argumentation. Mettez en évidence le lien entre infrastructures locales et rôle mondial de la métropole.
Votre conclusion. Soulignez la dynamique actuelle de Shanghai comme plate-forme de l'économie chinoise dans ses échanges avec le monde.

▶ 3. Questions du jury : 5 min.

a. Quelle est la place de Shanghai parmi les grands ports mondiaux ?
b. Citez deux autres grandes métropoles chinoises.

Chapitre 1. Histoire et éducation civique

La France contemporaine

QUESTION OBLIGATOIRE La Ve République : un régime politique inscrit dans la durée

Vérification des connaissances
1. a. – 2. b. – 3. b. – 4. a. – 5. b.

Sujet de Bac sans document
De Gaulle impose un changement des institutions en 1958 à l'occasion de la guerre d'Algérie.
– De Gaulle veut un pouvoir exécutif fort ; la Constitution qu'il fait adopter par référendum lui donne le droit de dissolution de l'Assemblée Nationale, le droit de poser des référendums, et l'article 16 qui lui garantit les pleins pouvoirs en cas d'urgence.
– Depuis le passage à la Ve République, la figure du Président inamovible devient la figure centrale, et les changements de gouvernement, perçus comme un signe d'instabilité sous la IVe République, cessent d'être l'occasion de combinaisons politiques précaires.
– Cependant, il arrive au Président d'être mis en difficulté, comme lors de référendums rejetés par la population (de Gaulle 1969, Chirac 2005) ou lors d'épisodes de cohabitation.
Après plus d'un demi-siècle de fonctionnement, la Ve République semble acceptée par la grande majorité de la population, qui apprécie de désigner directement le Président.
> **Questions du jury : a.** De Gaulle s'arroge des pouvoirs exceptionnels grâce à l'article 16 de la Constitution. **b.** Le Président et l'Assemblée sont élus au même moment et pour la même durée donc il est normal que les mêmes électeurs votent pour le même camp.

SUJET D'ÉTUDE 1 Les Français et la construction européenne

Vérification des connaissances
1. b. – 2. c. – 3. c. – 4. La France est une des grandes puissances politiques et économiques de l'Europe, elle a initié la construction européenne par un rapprochement avec l'Allemagne, elle a voulu la monnaie unique.

Sujet de Bac avec document
L'Europe agricole
Les deux textes proposent la conception initiale théorique de l'Europe agricole et ses effets sur le monde agricole actuellement. Alors que l'Europe proclame la nécessité de garantir un revenu décent à ses agriculteurs, les agriculteurs européens rendent la politique européenne responsable de leurs faibles revenus. Il faut replacer cette difficulté dans le cadre de l'établissement de prix mondiaux et de concurrence avec les importations de produits venus de pays à faible coût de production ou/et de main-d'œuvre. La force des mobilisations agricoles tient aussi au manque d'alternative : de leur point de vue, il leur faut peser pour imposer une politique européenne protectionniste ou bien subir la concurrence déloyale alors que la construction européenne s'inscrit globalement dans une logique d'ouverture des marchés.
> **Questions du jury : a.** Les États-Unis, le Brésil, l'Argentine, l'Australie, l'Ukraine. **b.** La pêche.

SUJET D'ÉTUDE 2 Géographie électorale de la France contemporaine

Vérification des connaissances
1. c. – 2. c. – 3. b. et d. – 4. b.

Sujet de Bac avec document
Le vote sanction
Les deux cartes proposent une répartition des départements et régions selon qu'ils ont voté

majoritairement à gauche ou à droite en 2007 (présidentielles) ou 2010 (régionales). On observe que si une majorité des départements a voté pour Sarkozy en 2007, pratiquement toutes les régions ont voté à gauche en 2010. On peut lire dans ce basculement massif une déception à l'égard de l'action du Président. On peut dire également que si l'Alsace est ancrée à droite et le grand sud-ouest à gauche, le reste du territoire propose un comportement électoral variable au gré des circonstances.
> **Questions du jury : a.** Le bouclier fiscal. **b.** La crise économique mondiale de 2008-2009.

SUJET D'ÉTUDE 3 Charles de Gaulle, une vie d'engagements

Vérification des connaissances

1. Étant élu par le suffrage universel, le Président s'impose à l'Assemblée et garantit la pérennité du Gouvernement. – **2.** b. – **3.** c. – **4.** b.

Sujet de Bac avec document

De Gaulle incarnait-il la France ?

Une caricature publiée par le *Canard enchaîné* en 1965 présente de Gaulle en majesté, dans la pose de Louis XIV. Autour de lui, différents personnages de son entourage et quelques symboles forts du gaullisme. De Gaulle, qui insiste beaucoup sur sa conception républicaine du pouvoir, est ainsi renvoyé à la distance qu'il instaure avec les Français. Alors que de Gaulle dirige le pays depuis 7 années déjà, et qu'il contrôle les institutions et les médias, l'image suggère que toute la France n'est pas dupe de la pompe du pouvoir gaulliste.
> **Questions du jury : a.** On y voit un missile nucléaire. **b.** De Gaulle vient d'être élu lors du premier suffrage universel organisé pour désigner le Président de la République.

CORRIGÉS

Chapitre 2. Géographie et éducation civique

La France contemporaine

QUESTION OBLIGATOIRE Comprendre les territoires de proximité

Vérification des connaissances

1. b. – **2.** a. – **3.** Objectifs : donner plus de compétences aux échelons administratifs proches des citoyens.

Sujet de Bac sans document

Les 3 collectivités territoriales organisent l'aménagement des territoires de proximité. En quoi améliorent-elles le cadre de vie des habitants ?
– Origines de leur rôle : les lois de décentralisation 1982/83 et 2004/05.
– Les actions menées : rénovation urbaine, plan de déplacement urbain, urbanisme, développement durable.
– Leurs difficultés : la question du financement des actions (impôts locaux et taxes indirectes), la question de la coordination des actions, la nécessité de s'unir par l'intercommunalité.
> **Questions du jury : a.** Association volontaire de collectivités territoriales en vue de gérer des projets communs. **b.** La région construit, équipe et entretient les lycées. Elle gère les personnels techniques et de services.

Sujet de Bac avec document

Le document est une carte récente qui localise les parcs nationaux et les parcs naturels régionaux en France métropolitaine. Comment s'organise la protection de l'environnement en France ?
– Les types de protection. La protection passe par des réserves naturelles, des parcs nationaux (peu nombreux : 6) et des parcs naturels régionaux (très nombreux).
– Tous les espaces ne sont pas protégés. Les protections portent plus particulièrement sur les

montagnes (5 PN) et des espaces ruraux peu peuplés. Cette répartition s'explique par les contraintes engendrées par les parcs et par le besoin de sauvegarder les espaces ruraux.
Le document est intéressant car il montre que les espaces protégés sont nombreux et qu'ils concernent toutes les régions françaises.
> **Questions du jury : a.** PN 1960 et PNR 1967. **b.** Essor dû à la recherche d'une meilleure qualité de vie.

SUJET D'ÉTUDE 1 Les transports, enjeu(x) d'aménagement et d'équité

Vérification des connaissances

1. b. – **2.** a., b. et c. – **3.** a. – **4.** a.

Sujet de Bac avec document

Le document est un tableau de données de 2011, issu de la Communauté urbaine de Strasbourg montrant la répartition modale des déplacements dans trois métropoles françaises. Comment s'organisent les déplacements dans les grandes villes en France ?
– L'importance des modes de transports en ville : 1/3 des déplacements se font à pied, près de 50 % en voiture, le reste en transports collectifs ou en vélo.
– L'essor des mobilités. Cette importance est liée à l'augmentation des besoins de déplacements (aller au travail, faire ses courses, emmener les enfants à l'école, partir en vacances, etc.).
– Les conséquences. La suprématie de la voiture provoque la pollution atmosphérique d'où le développement de politiques favorisant les autres modes de transport.
> **Questions du jury : a.** Mobilité à l'échelle régionale, nationale et internationale. **b.** Essor lié à la lutte contre la pollution atmosphérique.

SUJET D'ÉTUDE 2 Solidarité des territoires et des personnes

Vérification des connaissances

1. a. – **2.** b. – **3.** a. – **4.** c. – **5.** b.

Sujet de Bac avec document

Le document est un texte de 2011 issu du site Internet de la communauté d'agglomération de Colmar en Alsace. Quelles sont les actions menées en faveur du logement par l'intercommunalité ?
– Les politiques menées. Elles relèvent de l'urbanisme (prévoir les zones de construction et leur programmation), de l'action sociale (entretien et attribution des logements sociaux), de la rénovation urbaine.
– L'intérêt de l'intercommunalité. Seule, la ville de Colmar ne pourrait pas financer ces projets. Dans le cadre de la communauté d'agglomération, elle s'associe aux communes voisines et au département.
> **Questions du jury : a.** Intercommunalité portant sur une agglomération de plus de 50 000 habitants. **b.** L'augmentation des compétences des communes et l'ampleur des projets qu'elles doivent mener les obligent à s'unir par l'intercommunalité.

SUJET D'ÉTUDE 3 36 700 communes : un attachement français

Vérification des connaissances

1. a. – **2.** c. et b. – **3.** a. – **4.** a. – **5.** c.

Sujet de Bac avec document

Le document est un graphique de 2008, issu des travaux de l'INSEE. Il montre la répartition des communes en fonction de leur nombre d'habitants. Quels sont les enjeux de l'émiettement des communes en France ?
– Des communes émiettées. 1/4 des communes ont moins de 200 habitants, 1/4 de 200 à 500 habitants et 1/5e de 500 à 1 000 habitants. Une grande majorité de communes est donc très peu peuplée. Les villes (plus de 2 000 habitants) ne représentent que 13,5 % des communes.

– Les difficultés de cette situation. Manque de budget pour financer la gestion et les équipements nécessaires. Difficulté à trouver des conseillers municipaux.
– Les solutions. L'intercommunalité et la péréquation fiscale.
> **Questions du jury : a.** 1789. **b.** Les communes représentent le cadre de vie quotidien des Français, ils y sont très attachés.

Chapitre 3. Histoire

Histoire du quotidien

QUESTION OBLIGATOIRE

Vivre et mourir en Europe du milieu du XIXe siècle aux années 1960

Vérification des connaissances

1. a, b. et d. – 2. b. et c. – 3. a2 ; b3 ; c4 ; d1 – 4. b.

Sujet de Bac sans document

L'âge industriel en Europe, 1850-1960

Pendant un long siècle (1850-1960), l'industrie impose aux territoires et aux sociétés européennes des évolutions lourdes ; les modes de vie sont transformés par la production et la consommation de nouvelles techniques et de nouveaux biens. En quoi le progrès technique transforme-t-il la vie des Européens ? D'abord des évolutions majeures dans le transport (train puis automobile) et dans la production industrielle (machine à vapeur puis électrique) transforment les conditions de travail : grandes usines et lieux de production centralisés et concentrés, standardisation des tâches, travail salarié ; la grande ville devient le lieu de vie normal de la majorité des Européens. Ensuite, en tant que consommateurs, les Européens disposent de services (éclairage, eau courante, téléphone) et de biens (électroménager, téléviseurs, automobile) qui améliorent considérablement leurs conditions de vie matérielle. Enfin, cet âge industriel a été mis au service des plus grands conflits de l'histoire du continent (les deux guerres mondiales) et il n'a pas su résoudre les inégalités et la pauvreté.
> **Questions du jury : a.** Au Royaume-Uni à la fin du XVIIIe siècle. **b.** Les machines agricoles, les engrais chimiques, les transports des productions.

SUJET D'ÉTUDE 1

Vivre et mourir pendant la Première Guerre mondiale

Vérification des connaissances

1. c. – 2. a. – 3. a. – 4. L'ensemble de la population est mobilisée (soldats ou travailleurs/travailleuses) par des moyens de contrôle et de propagande inédits.

Sujet de Bac avec documents

Le premier texte est français et contemporain du conflit. Le second est allemand et il est publié 10 ans après la fin de la guerre. Leurs époques et leurs auteurs expliquent le très profond désaccord entre les deux textes.
Le premier est clairement un texte de propagande nationaliste qui nie les effets de l'armement allemand sur les troupes françaises. Il s'agit de maintenir le moral de « l'arrière » et de pousser à la poursuite de la guerre. Le second est l'œuvre d'un ancien combattant qui relate l'horreur du champ de bataille et l'impuissance des soldats face à l'artillerie.
La confrontation des deux textes montre ce que les soldats appelaient le « bourrage de crâne » par les organes de la propagande officielle ou privée.
> **Questions du jury : a.** La presse, le cinéma, la radio, le théâtre. **b.** Les femmes, les enfants, les personnes âgées sont mobilisées dans l'industrie de guerre.

SUJET D'ÉTUDE 2 La pénicilline

Vérification des connaissances

1. b. – 2. a. – 3. c. – 4. b.

Sujet de Bac avec document

« La pénicilline, un atout de guerre au service des Alliés »

Une image de publicité américaine de 1944 met en scène des soldats utilisant de la pénicilline. En quoi cette publicité nous renseigne-t-elle sur le rôle de ce médicament pendant la guerre ?
Le sentiment patriotique est mobilisé par un producteur industriel de médicaments qui met en avant les avantages de ses productions pour les soldats blessés au front. Effectivement, la pénicilline est exploitée de manière industrielle depuis quelques mois à peine mais elle est déjà célébrée comme un « médicament miracle » car elle protège ou guérit d'infections jusqu'alors mortelles, comme les pneumonies, les méningites, la syphilis. Promue par l'armée américaine lors de son avance en Europe, la pénicilline contribue à l'image des Alliés en tant que libérateurs du nazisme. Elle est une bonne illustration des progrès techniques, y compris sanitaires, pendant les guerres.
> **Questions du jury : a.** En 1928. **b.** Les maladies infectieuses.

SUJET D'ÉTUDE 3 La mode

Vérification des connaissances

1. b. – 2. d. – 3. a3 ; b2 ; c4 ; d1

Sujet de Bac avec document

« La mode du XXe siècle au fil de l'émancipation féminine »

Deux images de publicité à un siècle de distance proposent une image radicalement différente de la femme. Comment peut-on expliquer cette évolution ?
À la fin du XIXe siècle, la femme est présentée dans un univers domestique. Elle porte des cheveux noués et son air est grave. Au contraire, à la fin du XXe siècle, la femme a investi l'espace public, elle porte une chevelure « à la garçonne », et elle est souriante. Manifestement, ces deux images correspondent au vêtement promu par chacune des publicités : le corset pour la première, le collant pour la seconde.
Ces images étant des publicités, elles poursuivent une intention marchande et mettent en scène des modèles de femmes plus que la réalité des femmes de ces époques. La « belle époque » voit l'affirmation d'un premier féminisme contre les conventions bourgeoises tandis que dans les années 1980, bien des stéréotypes et inégalités homme/femme subsistent.
> **Questions du jury : a.** La haute couture fait du sur-mesure, le prêt-à-porter est une production en série. **b.** La chaussure, la maroquinerie, la parfumerie, la bijouterie.

Chapitre 4. Géographie
La mondialisation

QUESTION OBLIGATOIRE La mondialisation, interdépendances et hiérarchisations

Vérification des connaissances

1. a. – 2. b. – 4. Tokyo est une ville mondiale car elle est la capitale de la 3e puissance économique mondiale. Elle a un rayonnement économique et culturel mondial. Les États-Unis sont la 1re puissance mondiale car ils dominent dans tous les domaines (économique, politique, culturel).

Sujet de Bac avec document

Le document est une carte de 2011 représentant le système migratoire mondial. Comment s'organise le système migratoire international ?

– Les flux migratoires. Les principaux flux s'organisent entre des pays émetteurs (Amérique latine, Afrique, Asie) et des pays récepteurs (Amérique du Nord, Argentine, Europe, Océanie, pays du Golfe). Ils s'effectuent majoritairement des pays en développement vers des pays développés.

– Les échelles de migration. Les migrations existent à toutes les échelles. Une part importante se réalise à l'intérieur des continents et par proximité géographique. Par exemple, de l'Afrique centrale et australe vers l'Afrique du Sud.

> **Questions du jury : a.** Flux de capitaux, de marchandises, d'informations. **b.** L'écart de niveau de vie, la recherche d'une vie meilleure et d'un travail.

SUJET D'ÉTUDE 1 L'automobile : une industrie en recomposition

Vérification des connaissances

1. a. – 2. b.

Sujet de Bac sans document

Les firmes automobiles sont en crise depuis 2008. Comment répondent-elles économiquement et stratégiquement à cette crise afin de mettre un terme à leurs difficultés financières ?

– Les réactions communes aux différentes firmes. Faire appel aux États pour des aides financières ou pour des primes à l'achat de voiture. Rapprochement ou fusion de firmes. Innovations techniques.

– Les réactions spécifiques à certaines firmes. Nationalisation de certaines firmes (General Motors). Faire front seul (Ford).

– Les conséquences sociales et géographiques. Plans de restructuration et délocalisations de la production ont entraîné une hausse du chômage et une crise sociale dans les régions des firmes automobiles.

> **Questions du jury : a.** Ford, Chrysler, General Motors. **b.** Problèmes techniques sur les voitures.

Sujet de Bac avec document

Le document est un tableau de données de 2010 issu des statistiques officielles de l'office international de l'automobile. Il nous montre la production automobile dans le monde en 2009 et son évolution depuis 2008. Comment se répartit l'offre automobile mondiale en 2009 ?

– L'essor des pays émergents. La Chine et l'Inde ont connu une forte croissance et produisent de plus en plus de voitures. Mais tous les pays émergents n'ont pas connu cette évolution (Mexique, Corée du Sud). Explications : forte croissance économique et hausse du niveau de vie des populations.

– Les difficultés des pays développés. Fortes baisses des productions pour tous les constructeurs historiques. Car stagnation du marché, crise économique qui affecte les populations.

> **Questions du jury : a.** Pays d'invention de l'automobile. **b.** La croissance économique et la hausse du pouvoir d'achat des Chinois.

SUJET D'ÉTUDE 2 Le café, un grand marché mondial

Vérification des connaissances

1. b. – 2. a. et c. – 3. b. – 4. b. et c.

Sujet de Bac sans document

Le café est une production des pays du Sud mais est très consommé par les pays du Nord. Se développent d'importants échanges et un système économique autour de cette denrée. Comment s'organise le marché du café à l'échelle mondiale ?

– Espaces de production, de consommation et flux. Une production dans la zone intertropicale

(Afrique, Amérique latine, Asie). Deux variétés : Robusta et Arabica. Consommation par les pays développés (85 %). D'où des échanges par bateaux principalement du Sud vers le Nord.
– La puissance des bourses et des firmes du Nord. Le prix du café est fixé par deux bourses : New York et Londres, bourses des pays du Nord. Les FTN des pays développés dominent le marché en produisant directement ou en achetant le café aux petits producteurs.
> **Questions du jury** : **a.** Le Brésil. **b.** L'Europe.

SUJET D'ÉTUDE 3 Les jeux Olympiques, un enjeu mondial

Vérification des connaissances

1. a. – **2.** a. – **3.** b.

Sujet de Bac sans document

Les JO attirent de nombreux spectateurs et téléspectateurs, ils sont un événement planétaire, aussi représentent-ils un enjeu important. Quelle est l'importance des JO dans tous les domaines et pour les différents acteurs ?
– Les enjeux politiques. Par le passé, les JO ont été le théâtre de rivalités internationales (1936, 1972, 1980, 1984). Aujourd'hui encore ils servent de vitrine aux pays.
– Les enjeux économiques et financiers. Les retombées économiques (tourisme, image du pays pour les investisseurs) et financières (droits d'entrée, droits audiovisuels, produits dérivés) sont conséquentes pour le CIO, pour la ville et le pays organisateurs, pour les médias.
> **Questions du jury** : **a.** États-Unis, Russie, Chine. **b.** Depuis 1960.

Sujet de Bac avec document

Le document est une carte de 2000 présentant le nombre d'athlètes par pays aux JO de Sydney en Australie. En quoi les JO reflètent-ils les inégalités de développement dans le monde ?
– Une inégale représentation des pays aux JO. Forte représentation des pays développés et des pays émergents, très faible présence des pays pauvres (Andes, Afrique sahélienne et centrale, Asie centrale).
– Les JO sont le reflet de la hiérarchisation du monde. L'inégale représentation des pays aux JO s'explique par le manque d'infrastructures sportives des pays pauvres, par les conditions géopolitiques locales (guerre civile, conflit).
> **Questions du jury** : **a.** 1896. **b.** Le nazisme en 1936, la guerre froide (1980, 1984) et le terrorisme (1972).

Chapitre 5. Histoire et géographie
La Chine

QUESTION OBLIGATOIRE La Chine depuis 1911 : de la fin de l'empire du Milieu à l'un des centres de la mondialisation

Vérification des connaissances

1. a2 ; b3 ; c1 ; d4 – **2.** a3 ; b4 ; c1 ; d2 – **3.** c. – **4.** Le pays développe des échanges avec l'étranger mais le parti refuse tout espace d'expression politique en Chine.

Sujet de Bac sans document

« Le Parti Communiste chinois, dictature et modernisation »
Le Parti Communiste chinois apparaît en 1921, et, après 28 ans de guerres et de guerres civiles, il s'empare du pouvoir en Chine. Si la forme dictatoriale du régime s'impose depuis le début, le contenu de sa politique a varié. Dans les 27 premières années, Mao impose, avec le « grand bond en avant » et la « révolution culturelle » des mouvements volontaristes et auto-centrés qui provoquent des millions de victimes dans un très grand désordre. Depuis 1976, les successeurs

de Mao ont réorienté la politique du régime dans un sens pragmatique, usant sur le marché mondial des atouts de la Chine (main-d'œuvre nombreuse et bon marché) pour attirer investisseurs, technologies et capitaux. Mis au service de la puissance chinoise, ils servent également au développement du pays. Si la dictature a eu deux politiques successives aux résultats très différents, le développement économique initié par le Parti Communiste a pu également lui créer en retour des difficultés par le développement d'aspirations à la liberté et à la démocratie.
> **Questions du jury : a.** Mao veut développer le pays par lui-même tandis que Deng veut développer les échanges avec le monde. **b.** Le PC chinois soutient la Corée du Nord.

SUJET D'ÉTUDE 1 Contrôler la démographie en Chine communiste

Vérification des connaissances

1. c. – **2.** a. – **3.** a. et b. – **4.** Les générations actuelles de l'enfant unique sont moins nombreuses que leurs parents. Le déséquilibre garçons/filles annonce une prochaine génération moins nombreuse encore.

Sujet de Bac avec document

« Aléas politiques et évolution démographique »

Le graphique présente les évolutions de la natalité, de la mortalité, et donc de l'accroissement naturel de la Chine depuis la prise du pouvoir par le Parti communiste en 1949. D'après ces données, on peut repérer à la fois des tendances de fond et des ruptures ponctuelles très fortes.
Les tendances de fond sont la baisse de la mortalité et de la natalité dans le cadre d'une transition démographique commune à tous les pays du monde : les effets de la diffusion des progrès de la santé et de l'hygiène, les difficultés d'élever une fratrie nombreuse jusqu'à l'âge adulte expliquent ces tendances.
Ce qui est spécifique à la Chine, ce sont les conséquences des choix politiques sur la démographie : dans les années du « grand bond en avant » (1958-1961) la natalité s'effondre et la mortalité bondit, du fait de la désorganisation et de la famine. Durant toutes les années 1960, la natalité rebondit, autant par effet de rattrapage que par une politique maoïste incitative. À la fin des années 1960, on observe une surmortalité due à la « révolution culturelle ». Enfin, la politique de « l'enfant unique » se lit dans la chute rapide de la natalité dans les années 1970-80.
> **Questions du jury : a.** Des avantages (logement, salaire, éducation) et des pénalités lourdes de non-respect. **b.** Il y a sélection avant la naissance et à la naissance par avortement sélectif voire par infanticide.

SUJET D'ÉTUDE 2 La diaspora chinoise

Vérification des connaissances

1. a. et d. – **2.** 1d ; 2a ; 3b ; 4c – **3.** a. – **4.** d.

Sujet de Bac avec document

« L'Afrique, nouvelle extension de la diaspora chinoise »

Le texte d'un géographe propose une analyse d'une dynamique forte de ce début du XXIe siècle : l'installation d'une influence chinoise de plus en plus forte en Afrique. Comment la Chine investit-elle actuellement l'Afrique ?
Le texte montre que les entreprises chinoises se déploient à la recherche de matières premières mais également pour vendre leur savoir-faire, par exemple dans le BTP et dans les transports. Elles ont des capacités de financement très supérieures aux autres ce qui leur donne une grande capacité d'action. Comme ces entreprises s'installent avec leurs travailleurs (question de confiance et de savoir-faire) alors à terme, ces populations professionnelles peuvent s'établir et devenir une nouvelle diaspora. Leur capacité de travail, leur fonctionnement clos, leurs coutumes (manger du porc dans des pays musulmans) peuvent cependant poser des problèmes de cohabitation avec les populations locales.

> **Questions du jury : a.** Parce qu'elles sont elles-mêmes peu soucieuses de respecter els droits de l'homme. **b.** Dans l'Asie du Sud-Est.

SUJET D'ÉTUDE 3 Shanghai, métropole

Vérification des connaissances

1. a. – **2.** b. et c. – **3.** a. et b. – **4.** a.

Sujet de Bac avec document

« Shanghai, un espace immédiat au service d'un rôle mondial »

Le croquis de Shanghai propose trois types de symboles, pour les infrastructures de transport, pour les espaces industriels et portuaires, pour les autres activités et installations. Grâce à cette légende, il est possible de suivre l'évolution du développement de la métropole dans son espace environnant.

Tout d'abord, il existe un lien direct entre le développement spatial des zones portuaires et industrielles. Le port sert à exporter les productions industrielles. Le nouveau terminal de Yangshan sert à accueillir les plus gros bateaux.

Ensuite, le quartier d'affaires et le centre-ville se sont considérablement étendus, tandis que dans les 50 km alentours, des villes-satellites sont apparues, sans doute pour accueillir la main-d'œuvre industrielle.

Établie sur la Yangtsé et ouverte au monde, Shanghai est l'interface logistique et matérielle entre l'industrie chinoise et les marchés mondiaux qu'elle investit de ses produits. Dotée de nouveaux quartiers d'affaires et de deux aéroports, la ville s'affirme comme une métropole majeure en Asie et dans le monde.

> **Questions du jury : a.** 1er port mondial. **b.** Pékin et Hong-Kong.

N° de projet : 10199374 - MCP Dépôt légal : Juillet 2013
Imprimé en france par I.M.E. - 25110 Baume-les-Dames

Les notions à maîtriser

Acteurs spatiaux : organisations politiques ou régionales ou groupes sociaux dont l'action s'exprime sur le territoire.

Âge industriel : période, le XIXe siècle, où l'industrie devient prépondérante dans l'activité économique et dans la société.

Agenda 21 : plan d'actions, global, national et local, pour le développement et l'environnement au XXIe siècle. Ce plan a été élaboré au Sommet de la Terre de Rio en 1992.

Aire de puissance : région du monde où se concentrent des activités, des réseaux d'échanges, des pouvoirs de décision qui ont une portée mondiale.

Alternance : succession au pouvoir de deux tendances politiques différentes.

Aménagement du territoire : mise en place de moyens matériels et financiers dans le cadre d'un projet cohérent, pour équiper une région, favoriser son développement économique et préserver son environnement.

Asepsie : ensemble de moyens employés pour empêcher l'introduction de microbes dans l'organisme.

Baby-boom : augmentation brusque et importante du nombre de naissances.

Ballottage : situation dans laquelle, lors d'une élection, aucun candidat n'a obtenu la majorité requise au premier tour.

Bassin de vie : espace de vie des habitants pour le travail, les services, les loisirs.

Blanchiment : opération qui vise à donner une apparence légale à de l'argent d'origine illicite.

Capitalisme : système économique fondé sur la propriété privée des moyens de production et d'échanges, la libre concurrence et la recherche du profit.

Circonscription administrative : subdivision décidée par les pouvoirs publics.

Citoyen : individu considéré du point de vue de ses devoirs (respect des lois, défense de la cité, etc.) et de ses droits civils et politiques (droit de vote, droit de participer à la vie civique).

Cohabitation : situation dans laquelle le président de la République et le Premier ministre appartiennent à des courants politiques opposés.

Collectivité territoriale ou locale : divisions administratives territoriales françaises (commune, département, région) ayant des institutions élues, une autonomie juridique et financière, des pouvoirs de gestion et d'aménagement.

Compétitivité des territoires : c'est la capacité d'un territoire à renforcer son attractivité, à relever les défis sociaux, économiques et environnementaux, en soutenant l'innovation, la formation professionnelle et la protection de l'environnement.

Constitution : texte législatif fondamental qui détermine la forme du gouvernement d'un pays et définit les différents pouvoirs (exécutif, législatif, judiciaire) en précisant leurs rapports.

Croissance : la croissance correspond à l'augmentation importante et durable de la production industrielle, des investissements, des revenus et de la consommation.

Culture politique : ensemble de croyances et de valeurs politiques communes à un groupe ou une société donnés.

Décentralisation : transfert organisé par la loi de compétences appartenant au pouvoir central et désormais dévolues aux échelons territoriaux inférieurs (Région, Département, commune, communautés de communes).

Déconcentration : transfert à des organismes d'État locaux d'activités et de compétences jusque-là centralisées.

Défense nationale : politique de l'État visant à constituer et mettre en œuvre les capacités militaires nécessaires pour garantir la sécurité des citoyens, la défense du territoire, la préservation des intérêts du pays et le respect des engagements internationaux.

Délocalisation : opération qui consiste à fermer une usine dans un territoire pour en ouvrir une ailleurs, souvent à l'étranger.

Développement durable : réponse aux besoins du présent sans compromettre la capacité des générations futures à répondre à leurs propres besoins. Il repose sur trois composantes complémentaires : le développement économique, le développement social et la protection de l'environnement.

Diaspora : c'est la dispersion d'un peuple à travers le monde et dont les membres gardent des liens culturels et familiaux avec leur pays d'origine.

Division internationale du travail : répartition de la production des biens et services entre les différents pays qui se spécialisent dans une ou plusieurs productions.

Dragons d'Asie : Corée du Sud, Hong Kong, Singapour et Taïwan. Ces pays dits « NPI », nouveaux pays industrialisés, connaissent une très forte croissance économique pendant la seconde moitié du XXe siècle.

Droite-Gauche : la droite comprend les groupes politiques de tendance conservatrice. Elle privilégie l'ordre, l'individu, et soutient le libéralisme en économie. La gauche se répartit en deux tendances : l'une réformiste favorable à l'intervention de l'État, l'autre aspire à une transformation radicale de la société.

Économie de marché : synonyme d'économie capitaliste. Elle est fondée sur la liberté d'entreprise et la loi de l'offre et de la demande.

Émancipation : fait de se libérer de certaines contraintes morales ou sociales.

Enclavement : situation géographique propre à un espace isolé, mal desservi par les réseaux de communication.

Eurorégion : territoire de coopération transfrontalière regroupant des acteurs régionaux de différents pays.

Exode rural : départ massif des populations de la campagne vers la ville.

Façade maritime : portion du littoral aux activités portuaires et industrielles importantes. Elle comporte un avant-pays et un arrière-pays.

Firme transnationale : entreprise d'envergure mondiale qui organise un réseau de filiales à l'étranger.

Fiscalité : ensemble des prélèvements obligatoires approuvés par le Parlement et perçus par le fisc. Ils sont composés d'impôts directs et d'impôts indirects.

Flux : ensemble des hommes, des informations, des marchandises ou des capitaux en déplacement d'un point à un autre dans l'espace.

Fordisme : du nom du constructeur automobile américain Ford, qui a développé une méthode industrielle de travail fondée sur la chaîne automatisée mobile, qui permet d'augmenter la productivité, les profits et les salaires des employés.

Gaullisme : courant politique fondé sur les principes défendus par le général de Gaulle (indépendance nationale, pouvoir exécutif fort, méfiance envers les partis politiques).

Géopolitique : elle analyse l'évolution des rapports de force entre les acteurs étatiques à l'échelle régionale et mondiale.

Hygiénisme : courant qui, au XIXe siècle, fait prendre conscience de la nécessité d'assainir les villes et les maisons pour lutter contre les facteurs de la mortalité infantile et des épidémies.

IDE (investissements directs à l'étranger) : il s'agit d'implantations d'entreprises étrangères dans un pays. Ils marquent l'internationalisation croissante de l'économie et des entreprises.

Impérialisme : politique d'expansion et de colonisation menée par les grandes puissances.

Intégration : opération par laquelle une économie, un territoire, une société se trouvent insérés à d'autres ensembles dans le cadre de la mondialisation.

Intercommunalité : ce sont les différentes formes de coopération existant entre les communes dans un établissement public de coopération intercommunale (EPCI).

Interface : zone de contact entre deux systèmes spatiaux différenciés.

Laïcisation : recul de l'influence des religions dans la législation et la pratique quotidienne.

Libéralisme : doctrine et politique visant à limiter le plus possible l'intervention de l'État dans l'économie.

Littoralisation : phénomène de concentration des hommes et des activités sur les littoraux.

Maoïsme : inspirée du marxisme, la doctrine maoïste exalte la patrie et la révolution permanente et l'appel aux masses contre les réformistes accusés d'être capitalistes.

Marginalisation : opération par laquelle une économie, un territoire, une société se trouvent exclus des autres, à l'écart du processus de mondialisation.

Métropole : ville ayant un fort pouvoir de commandement, parce qu'elle concentre des fonctions stratégiques, politiques et décisionnelles (sièges sociaux).

Métropole d'équilibre : ville ou groupe de villes destinés à contrebalancer l'attraction parisienne.

Métropole mondiale : grand pôle d'impulsion de l'économie mondiale fonctionnant en réseau avec d'autres métropoles à travers le monde. Elle associe des fonctions de production, de recherche et d'innovation, de financement (banques, Bourses) et de commandement (sièges sociaux de FTN).

Modes de vie : ensemble des habitudes socioculturelles liées à une époque et à un milieu particuliers.

Mondialisation : processus croissant d'ouverture des économies, des territoires, des sociétés et des cultures. Elle s'exprime par une participation plus forte aux flux commerciaux et d'investissements et par la mise en place de réseaux globaux de production.

Nationalisme : mouvement politique constitué de personnes qui, ayant conscience de former une communauté nationale, veulent créer un État souverain.

Ouverture : politique selon laquelle des postes de responsabilité sont offerts à des personnalités d'un autre courant politique ou de l'opposition.

Plate-forme multimodale : lieu qui assure l'interconnexion entre différents réseaux de transport.

Pluralisme : en politique, existence de plusieurs partis politiques susceptibles d'alterner au pouvoir à la suite d'élections libres.

Pôle : lieu d'où partent les flux et vers où ils convergent.

Politique de rigueur : politique économique d'austérité destinée à réduire l'inflation et les déficits. Elle s'accompagne d'une réduction des dépenses de l'État et du blocage des salaires.

Produits phytosanitaires : produits qui permettent de lutter contre les ennemis naturels des plantes.

Protection sociale : ensemble de mesures mises en œuvre par l'État pour protéger les individus en cas de maladie, d'accident du travail, de chômage, de vieillesse.

Puissance : capacité d'un État à exercer une influence économique, diplomatique, militaire ou culturelle dans le monde.

Référendum : consultation directe des citoyens sur un sujet précis.

Régime parlementaire : régime dans lequel le Parlement contrôle le gouvernement et peut le renverser.

Régime présidentiel : régime qui donne plus de pouvoir au Président qu'aux assemblées.

Régionalisation : transfert d'une partie des pouvoirs de l'État à un exécutif et un législatif régionaux issus du suffrage universel.

Remembrement : regroupement des parcelles des exploitations pour créer des surfaces plus vastes adaptées à la mécanisation. Les haies sont détruites et les chemins élargis.

Réseau : ensemble de lignes et de points par lesquels passent des flux. Il peut s'agir de réseaux de transport, d'information mais aussi de populations.

Réseaux territoriaux : relations entre les territoires à différentes échelles. On parle de « coopérations territoriales » ou de « formation d'aires-systèmes ».

Scrutin majoritaire uninominal : mode de scrutin dans lequel un candidat doit obtenir la majorité absolue pour être élu au premier tour. Sinon un second tour est organisé, à la majorité relative.

Sous-traitance : opération exécutée par une entreprise pour le compte d'une autre entreprise.

Suffrage universel direct : procédure d'élection ouverte à l'ensemble du corps électoral.

Suffragettes : nom donné aux femmes qui se mobilisent pour obtenir le droit de vote.

Système productif : ensemble des activités économiques liées à la conception, à la production et à la commercialisation.

Taux d'accroissement naturel : différence entre le taux de natalité et le taux de mortalité, exprimée en %.

Taux de mortalité : nombre de décès de l'année pour 1 000 personnes.

Taux de natalité : nombre de naissances de l'année pour 1 000 personnes.

Taylorisme : organisation scientifique du travail (OST) mise au point par Taylor. Elle repose sur une double division du travail : une division verticale (conception et fabrication séparées) et une division horizontale (découper les opérations en tâches simples exécutées séparément par des ouvriers spécialisés).

Territoire : espace délimité, sous une autorité et approprié par les sociétés. Cet espace est géré, aménagé par des acteurs territoriaux.

Tigres d'Asie : Thaïlande, Malaisie, Indonésie, Philippines et Viêtnam. Ces États dits « NPE », nouveaux pays exportateurs, profitent du développement des économies émergentes d'Asie.

Totalitarisme : régime politique fondé sur la dictature d'un parti ou d'un homme où la population soumise à une propagande incessante et étroitement contrôlée par les autorités est privée de toute liberté et soumise à la terreur.

Transfrontalier : relatif à un flux qui traverse une frontière, à un espace original qui s'organise de part et d'autre d'une frontière.

Transition démographique : passage d'un régime de forte natalité et de forte mortalité à un régime de basse natalité et de basse mortalité. Pendant la transition, l'accroissement naturel est très élevé car la mortalité baisse plus vite que la natalité.

Trente Glorieuses : nom donné aux années de forte croissance économique qui vont des lendemains de la Seconde Guerre mondiale au milieu des années 1970.

Vaccin : substance préparée par les laboratoires à partir de microbes ou virus. Il vise à prémunir la diffusion d'une maladie et à protéger les populations.

ZES (zone économique spéciale) : ville ou région où des avantages spécifiques sont offerts aux investisseurs étrangers, tels que faible fiscalité, franchise douanière, etc.

Les acteurs à connaître

Jacques Chirac (né en 1932)

Il a été plusieurs fois ministre, puis Premier ministre de François Mitterrand. Il est élu président de la République en 1995, puis réélu en 2002, jusqu'en 2007.

Charles de Gaulle (1890-1970)

Général, héros de la Seconde Guerre mondiale, chef de la Résistance française (auteur de l'appel du 18 juin 1940), il est le fondateur de la Ve République en 1958, dont il sera le Président de 1958 à sa démission en 1969, après les événements de Mai 1968. Il développe une politique de grandeur de la France dans les relations internationales, tout en favorisant la décolonisation.

Valéry Giscard d'Estaing (né en 1926)

Chef de la droite non gaulliste, il est président de la Ve République de 1974 à 1981. Il veut donner une image moderne de la fonction présidentielle et tient compte des mutations de la société française en entreprenant de nombreuses réformes.

François Mitterrand (1916-1996)

Avocat de formation, socialiste, il est président de la Ve République française de 1981 à 1995. Ses deux septennats sont marqués d'abord par de nombreuses réformes avant la mise en place d'une politique de rigueur et des périodes de cohabitation.

Louis Pasteur (1822-1895)

Scientifique français, professeur de chimie et de physique et académicien. Après des travaux sur la fermentation alcoolique, il travailla sur les maladies contagieuses animales (les maladies du ver à soie, le charbon du mouton et la rage). La découverte des microbes et des virus le conduit à la mise au point de vaccin (contre la rage en 1885). Un institut de recherche sur les maladies portant son nom a été fondé par l'Académie des sciences en 1888.

Georges Pompidou (1911-1974)

Homme de lettres, bras droit du général de Gaulle, il sera son Premier ministre de 1962 à 1968, règle Mai 1968, puis devient son successeur en tant que président de la Ve République de 1969 à sa mort (suite à un cancer) en 1974.

Nicolas Sarkozy (né en 1955)

Avocat de formation, plusieurs fois ministre (à l'Intérieur, à l'Économie), il est élu président de la Ve République en 2007 sur un programme de rupture politique.

Deng Xiaoping (1904-1997)

Étudiant et ouvrier en France de 1920 à 1925, il adhère au Parti communiste chinois en 1923. Revenu en Chine en 1926, il participe à la lutte contre le Kuomintang et contre les Japonais. Secrétaire général du parti en 1956, il est persécuté pendant la Révolution culturelle puis réhabilité en 1973. De 1978 à sa mort, il dirige la Chine, dont il ouvre certains espaces aux investissements étrangers en fondant le « socialisme de marché ».

Mao Zedong ou Mao Tsé-toung (1893-1976)

Issu d'une famille de paysans, il participe à la création du Parti communiste chinois (PCC) en 1921. De 1927 à 1937, il lutte contre Tchang Kaï-chek. L'attaque de la Chine par le Japon (1937) réunit les communistes et les nationalistes contre l'ennemi commun. En 1946, la guerre civile reprend. Le PCC remporte la victoire sur les nationalistes et Mao proclame la République populaire de Chine en 1949. Il dirige alors d'une main de fer le pays jusqu'à sa mort.

Les dates clés

Chapitre 1 • La France contemporaine
(histoire et éducation civique)

QUESTION OBLIGATOIRE

La Ve République : un régime politique inscrit dans la durée

1958 : naissance de la Ve République
1962 : élection du président de la République au suffrage universel
1968 : crise de mai
1974 : majorité à 18 ans ; loi Veil sur l'IVG
2000 : loi sur le quinquennat

SUJET D'ÉTUDE 1

Les Français et la construction européenne, de la fin des années 1950 à nos jours

1963 : création de l'axe franco-allemand
1965 : règle de l'unanimité dans les votes de la CEE par de Gaulle
1967 : rejet par la France de la candidature britannique
1979 : initiative franco-allemande sur le système monétaire européen
1984 : J. Delors président de la Commission européenne
1992 : ratification à une courte majorité du traité de Maastricht
2005 : rejet par référendum du projet de Constitution européenne

SUJET D'ÉTUDE 2

Géographie électorale de la France contemporaine

1944 : ordonnance sur le droit de vote des femmes
1978 : structuration du mouvement écologiste (les Verts)
1980 : essor de la gauche socialiste dans les votes de gauche

SUJET D'ÉTUDE 3

Charles de Gaulle, une vie d'engagements

1890 : naissance à Lille
1916 : blessé à Verdun et fait prisonnier. Cinq tentatives d'évasion
1940 : nommé général de brigade
18 juin 1940 : appel à la résistance depuis Londres
1944 : chef du Gouvernement provisoire
1946 : démission
1958 : retour au pouvoir et Constitution de la Ve République
1960 : lance la décolonisation de l'Afrique noire française
1962 : accorde l'indépendance à l'Algérie. Attentat du Petit-Clamart
Avril 1969 : démission
9 novembre 1970 : décès

Chapitre 2 • La France contemporaine
(géographie et éducation civique)

QUESTION OBLIGATOIRE

Comprendre les territoires de proximité

1960 : création des parcs nationaux
1963 : création de la DATAR
1967 : création des parcs naturels régionaux
1982-1984 : lois de décentralisation
1982-1983 : création des contrats de plan État-Régions
1995 : loi d'orientation pour l'aménagement et le développement du territoire (LOADT)
1999 : loi d'orientation pour l'aménagement et le développement durable du territoire (LOADDT)
1999 : loi paysage
2000 : loi solidarité et renouvellement urbain (SRU)
2002 et 2004 : nouvelles compétences des Régions

SUJET D'ÉTUDE 1

Les transports, enjeu(x) d'aménagement et d'équité

1981 : lancement du TGV
2010 : inauguration du 1e tram-train de France (à Mulhouse)

SUJET D'ÉTUDE 2

Solidarité des territoires et des personnes

1975 : création du FEDER
1981 : 1res émeutes urbaines (à Vénissieux)
1996 : pacte de relance pour la ville : création des zones urbaines sensibles et des zones franches urbaines

SUJET D'ÉTUDE 3

36 700 communes : un attachement français

1789 : création des communes, cellules administratives de base
1890 : apparition de la coopération intercommunale avec les SIVOM (Syndicat intercommunal à vocation multiple)
1971 : loi Marcellin permettant la fusion de communes
1999 : création des EPCI (Établissement public de coopération intercommunale)

Chapitre 3 • Histoire du quotidien (histoire)

QUESTION OBLIGATOIRE

Vivre et mourir en Europe du milieu du XIXe siècle aux années 1960

1750-1880 : 1re révolution industrielle
À partir de 1880 : 2e révolution industrielle
1850-1910 : explosion urbaine de l'Europe
1850-1945 : transition démographique de l'Europe
1885 : vaccin contre la rage
1942-milieu des années 1960 : baby-boom
1840-1880 : forte émigration européenne (13 millions de personnes)
1900 : Bayer commercialise l'aspirine
1906 : journée de repos hebdomadaire (France)
1919 : journée de travail de 8 heures (France)
1936 : deux semaines de congés payés (France)
Après 1945 : essor de la société de consommation et de loisirs
Du milieu des années 1940 au milieu des années 1960 : Trente Glorieuses
1967 : loi Neuwirth (légalisation de la contraception en France)
1975 : loi Veil (légalisation de l'avortement en France)

SUJET D'ÉTUDE 1

Vivre et mourir pendant la Première Guerre mondiale

1914 : les grandes offensives ; censure de la presse
1915-1917 : guerre de tranchées
1915 : bataille d'Ypres (Belgique) : 1re utilisation des gaz de combat
1916 : offensive de Verdun
1917 : mutineries

SUJET D'ÉTUDE 2

La pénicilline : du laboratoire à la société, naissance d'un médicament

1928 : découverte de la pénicilline par Fleming
1939-1945 : industrialisation de la pénicilline pendant la guerre
1943 : pénicilline et antibiotiques se généralisent

SUJET D'ÉTUDE 3

La mode (création, production, usages) : un sujet d'histoire

Début du XXe siècle : abandon du corset pour les femmes
Première Guerre mondiale : lancement du tailleur pour les femmes
Années 1920 : la figure de la garçonne
Années 1960 : mouvement d'émancipation des femmes

Chapitre 5 • La Chine (histoire et géographie)

QUESTION OBLIGATOIRE

La Chine depuis 1911 : de la fin de l'empire du Milieu à l'un des centres de la mondialisation

1911 : fin de l'empire
1921 : fondation du Parti communiste chinois
1927 : début de la guerre civile (communistes contre nationalistes)
1931 : invasion de la Mandchourie par le Japon
1934-1936 : la Longue Marche
1949 : proclamation de la République populaire
1949-1976 : Mao dirige la Chine
1957 : la campagne des Cent-Fleurs
1958-1961 : le Grand Bond en avant
1959 : occupation du Tibet
1965 : la Révolution culturelle
1971 : la Chine admise à l'ONU
1978-1996 : Deng Xiaoping dirige la Chine
1978 : lancement de 4 modernisations
1979 : premier printemps de Pékin
1980 : ouverture des Zones économiques spéciales
1984 : lancement du « socialisme de marché »
1989 : répression du deuxième printemps de Pékin

SUJET D'ÉTUDE 2

Contrôler la démographie en Chine communiste

1953 : premier recensement de la Chine populaire
1956-1957 : première campagne de limitation des naissances
1958 : mise en circulation du « livret de résidence » (passeport intérieur)
1962-1966 : deuxième campagne de limitation des naissances
1971 : troisième campagne de limitation des naissances
1979 : lancement de la politique de l'enfant unique

SUJET D'ÉTUDE 3

Shanghai, métropole chinoise

X-XIIe siècle : essor d'une ville importante
1842 : ouverture forcée du port aux puissances étrangères
1846-1914 : implantation de concessions étrangères
1943 : rétrocession des concessions étrangères à la Chine
1949-1980 : période de déclin
1978 : Shanghai devient zone économique spéciale
1985 : installation du 1er portique à conteneurs
1990 : décollage économique du port et de la ville
2010 : Exposition universelle de Shanghai

Les chiffres clés

Chapitre 4 • La mondialisation (géographie)

QUESTION OBLIGATOIRE

La mondialisation, interdépendances et hiérarchisations

Flux d'hommes : 215 millions de migrants internationaux qui représentent 300 milliards de dollars de transferts financiers
Tourisme international : 900 millions de personnes par an
Valeurs des échanges commerciaux : 15 000 milliards de $ en 2008
Transport maritime : 80 % du volume des échanges de marchandises
FTN : au nombre de 70 000, contrôlant 700 000 filiales et 1/3 du commerce mondial
Les accords régionaux représentent 40 % des échanges mondiaux
La Chine : 1er exportateur mondial et 2e puissance économique mondiale depuis 2010

SUJET D'ÉTUDE 1

L'automobile : une industrie en recomposition

2008 : la crise économique mondiale et du secteur automobile
50 millions de voitures particulières vendues en 2009
La Chine : seul pays où la production croît : + 48,3 % (2008-2009)
La production française : baisse de 20 % en 2009
Taux d'équipement en 2010 : 35 voitures pour 1 000 habitants en Chine contre 850 pour 1 000 aux États-Unis

SUJET D'ÉTUDE 2

Le café, un grand marché mondial

Production de café en 2010 : 7,4 millions de tonnes
Nombre de producteurs de café dans le monde : 125 millions
Grands producteurs de café : le Brésil : 32 % du café mondial, le Viêtnam : 14,6 %, la Colombie et l'Indonésie : 7,8 % chacun
Grands marchés de consommation : Europe de l'Ouest (54%), États-Unis (23%)

SUJET D'ÉTUDE 3

Les jeux Olympiques, un enjeu mondial

1896 : 1ers jeux Olympiques modernes
1924 : 1ers JO d'hiver et 1re participation de femmes
1936 : JO de Berlin en Allemagne nazie
1960 : 1re retransmission télévisuelle
1968 : JO de Mexico (revendications des Noirs-Américains)
1972 : JO de Munich (prise en otages des athlètes israéliens)
1980 : boycott des JO de Moscou par le bloc de l'Ouest
1984 : boycott des JO de Los Angeles par le bloc de l'Est

Chapitre 5 • La Chine (histoire et géographie)

QUESTION OBLIGATOIRE

La Chine depuis 1911 : de la fin de l'empire du Milieu à l'un des centres de la mondialisation

Stock d'IDE en 2010 : 1 000 milliards de dollars (multiplié par 4 en douze ans)
Production industrielle chinoise : 20 % du total mondial en 2010
1er exportateur mondial depuis 2009, en réserve monétaire mondiale avec 2 000 milliards de dollars, laboratoire mondial
2e rang mondial pour le budget de la recherche-développement
80 % des produits de contrefaçon fabriqués par 5 millions de travailleurs
Taux de croissance économique annuel : 10 % depuis 1980
7 % de la surface agricole utile mondiale pour 20 % de la population mondiale
300 millions de personnes appartiennent à la classe moyenne

SUJET D'ÉTUDE 1

Contrôler la démographie en Chine communiste

Fécondité en 2010 : 1,8 enfant par femme
Masculinité à la naissance : 105 garçons pour 100 filles

SUJET D'ÉTUDE 2

La diaspora chinoise

Diaspora chinoise : de 35 à 40 millions de personnes dans 130 États, dont 21,8 millions sont présentes en Indonésie, en Malaisie et en Thaïlande
Pouvoir économique de la diaspora : 50 % des capitaux investis en Asie, mais jusqu'à 89 % en Thaïlande, un PNB de 200 milliards de dollars
Les Chinois en Afrique : 750 000 personnes, 1 000 entreprises et 106 milliards de dollars d'échanges

SUJET D'ÉTUDE 3

Shanghai, métropole mondiale

Population de Shanghai en 2009 : 19 millions d'habitants
Densité : 2 900 hab./km^2
PIB/habitant : 11 600 $ en 2009, 1er rang en Chine
1er port mondial pour le vrac avec 590 millions de tonnes en 2009 et pour les conteneurs depuis 2010
1re plate-forme aéroportuaire de Chine : 51 millions de passagers et 3,1 millions de tonnes de fret
Le fleuve bleu ou Yangzi : 1,5 million de km^2, 15 % du territoire chinois, 38 % de la population chinoise, 40 % des secteurs agricole et industriel